SHODENSHA
SHINSHO

徳川家康の江戸プロジェクト

門井慶喜

祥伝社新書

はじめに――江戸始図《えどはじめず》の「発見」

近年の江戸研究のなかで、大評判になったのが江戸始図《えどはじめず》の「発見」です。この絵図によって、これまでベールに包まれていた、徳川家康が築いた初期の江戸城の姿がくっきりと浮かび上がってきたのです。

見つけたのは、城郭《じょうかく》の専門家である奈良大学の千田嘉博《せんだよしひろ》教授で、大ニュースとして新聞各紙の一面を飾りました。二〇一七年のことです。

《江戸始図　初期江戸城の最古級絵図見つかる　松江市《まつえ》》

松江市は8日、徳川家康が築いた当初の江戸城を描いた最古級の絵図「江戸始図（はじめず）」（縦27・6センチ、横40センチ）が見つかったと発表した。天守は姫路城《ひめじ》のような「連立式天守」だったことが確実になり、本丸南側出入り口には、外敵の侵入を妨《さまた》げる熊本《くまもと》城と同じ仕組みが構築されていたことが判明した。専門家は「大坂の陣を控えた時期で、家康が戦いを意識して当時最強といえる城を築いたことが明らかになった」としている。

（毎日新聞　二〇一七年二月九日付）

その日の朝、私は新聞を読んで「へえ、こんな発見があったんだ」とびっくりしていたところ、「オール讀物」（文藝春秋）の担当者から、すぐに電話がかかってきました。「江戸始図の発見について、千田教授と対談してほしい」というのです。こんなエキサイティングなことは、めったにありません。私はもちろん、ふたつ返事でお受けしました。二〇一六年二月に上梓《じょうし》した拙著『家康、江戸を建てる』（祥伝社）が第一五五回直木賞候補作になったこともあり、声がかかったのでしょう。

対談の場所は、大阪市梅田《うめだ》の高層ビルの会議室でした。千田先生はご自分の足で調査するタイプの研究者で、重そうなリュックを背負って、けれども足どりも軽《かろ》やかに「千田です」とやってこられたのが新鮮だったことを覚えています。

江戸始図の発見で何がわかったのか

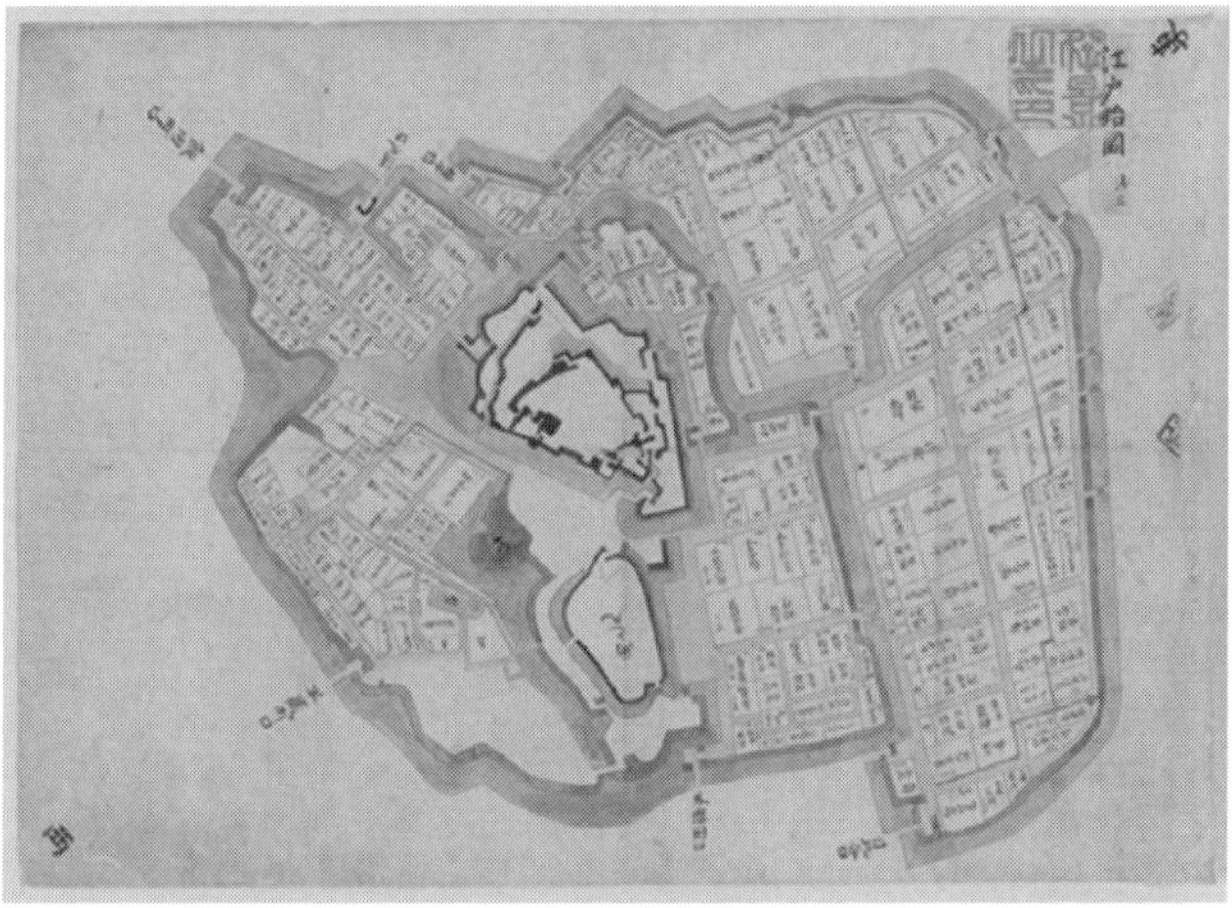

江戸開府から間もないころの江戸城が描かれている　松江歴史館提供

千田教授とはその後、雑誌「サライ」（小学館）でも対談し、ご本人から直接、じっくりと江戸城や江戸始図についてお話を伺《うかが》う機会を得ました。

江戸始図が発見されたきっかけは、二〇一六年に放送されたＮＨＫ大河ドラマ「真田丸《さなだまる》」です。このドラマで、千田教授は大坂城の出丸として築かれた真田丸について復元考証を進めていました。

その千田教授のもとに、島根県松江市の松江歴史館から問い合わせがありました。松江歴史館の収蔵品『極秘諸国城図』七四枚の一枚である真田丸の図を評価してほしいという依頼です。

千田教授らが調べた結果、この図は真田丸を描いた最も古い絵図のひとつであることがわかりました。そして、NHKの大河ドラマでも、この絵図をもとに真実の姿に近い真田丸をセットやCGで再現することができたのです。

それだけでもエキサイティングな話題でしたが、千田教授が『極秘諸国城図』を調べてゆくなかで、今度は江戸始図が「発見」されました。厳密に言えば、松江城の天守のなかで展示されていたものですが、きわめて価値の高い絵図であることが、千田教授の調査によって初めて評価され、再発見されたということです。

千田教授によると、江戸始図は一六〇七年ごろの江戸城を描いた絵図です。松江藩の藩主は徳川家康直系の子孫である松平《まつだいら》家だったため、この絵図を特別に入手できたものと推測されます。

この絵図を見ると、江戸城内の武家屋敷に羽柴《はしば》の姓がいくつもあることがわかります。家康が江戸の町づくりを始めたとき、大名たちが江戸に集まるわけですが、まだ大坂の陣の前なので、豊臣《とよとみ》系の武家も含まれていました。

豊臣秀吉《ひでよし》から羽柴を名乗ることを許された豊臣系の武家たちが、徳川家康の喉元《のどもと》に匕首《あいくち》を突きつけるかのように居座っていたわけです。

秀吉は一五九八年（慶長《けいちょう》三年）に亡くなっていますから、一六〇七年の時点では、豊臣系はすでに家康に懐柔《かいじゅう》されていたとも考えられますが、秀吉が生きていた時代には家康を監視する秀吉の「眼《め》」であった可能性も排除できません。

こうした羽柴姓の大名たちは大坂の陣の後、江戸城の絵図からは消え、今度は松平姓が増えることになります。この一事を見ても、家康の権力が磐石《ばんじゃく》となったことが絵図の変化から窺《うかが》えるのです。

また、初期の江戸城では天守閣が連立式で、とても堅固《けんご》な構えになっていたことが明らかになりました。つまり、戦闘に備えた築城だったわけです。これについては、『家康、江戸を建てる』で江戸城の天守閣が平和の象徴であると書いた手前、「千田先生の発見で、困っているんです」と対談で申し上げたところ、千田教授が無言で笑っておられたのが印象に残っています。

そんな話題もあって、拙著『家康、江戸を建てる』は好評をいただき、文庫版と合わせて二〇万部のロングセラーになっています。また、NHKによってドラマ化され、二〇一九年正月に二夜連続で放送されました。
本書では家康が江戸を「建てる」、すなわち家康の「江戸プロジェクト」前後の史実をたどるとともに、『家康、江戸を建てる』を書いた私の江戸観や家康観などについても述べてみたいと思います。心ゆくまで楽しんでいただけたら幸いです。

門井《かどい》慶喜《よしのぶ》

目次

第二章　水を治める——水運と水道

第五章 首都は生き続ける 133

第六章　家康の建てた江戸を歩く　171

第一章

家康は、なぜ江戸を選んだのか

江戸に幕府開設の謎

日本の首都・東京は、いつ、つくられたか。

皆さんはいつだと考えるでしょうか。戦争中の一九四三年に東京都となったときでしょうか、あるいは明治維新で遷都《せんと》されて東京府になったときでしょうか。

私の答えは、どちらでもありません。結論から言うと、一六〇三年です。小学校の社会の教科書や中学校・高校の歴史の教科書に書かれているように、江戸幕府が開設された年です。論議を引き起こすことは承知のうえで、私は江戸幕府が開設された一六〇三年を東京がつくられた年と考えたいと思います。

日本の歴史上、天皇から征夷大将軍《せいいたいしようぐん》に任命された武家の頭領《とうりよう》は三人います。ひとりは、鎌倉《かまくら》幕府を開いた源《みなもとの》頼朝《よりとも》です。ふたり目は、室町《むろまち》幕府の足利尊氏《あしかがたかうじ》。そして、三人目が江戸幕府を開いた徳川家康です。

室町幕府の置かれた京都は日本の首都で、大都市でした。鎌倉は大都市とまでは言えませんが、関東の中心都市ではありました。だから、室町幕府と鎌倉幕府については、その場所になぜ幕府が置かれたかが容易に理解できます。

ところが、徳川家康が江戸に幕府を開いた理由となると、これは謎としか言いようがありません。

なぜなら、江戸幕府開設まで、当の家康本人がほとんど江戸にいなかったからです。豊臣政権の筆頭大老《たいろう》として、京都南方の伏見《ふしみ》城にいて政治を司《つかさど》っていました。

一六〇三年前後も、それは変わりませんでした。

また、江戸城はすでに存在していたものの、とても幕府を開くような立派な城ではありませんでした。家康が江戸に来たときに滞在できる建物はありましたが、見た目がみすぼらしく、しかも不便な城にすぎません。当時の江戸は、天下人《てんかびと》が根拠地にするような都市ではまったくなかったのです。

むしろ、伏見に幕府を開くのなら、理解できます。家康本人が根城《ねじろ》にしていただけでなく、京都と大坂の中間地点にあって交通の要所だったからです。堺《さかい》という一大貿易港も近くにあります。城が整備されていて、武士や商人が集まっていました。

ところが、天皇から征夷大将軍に任ぜられた家康は、未開の地である江戸に幕府を開くことにします。

これは、いったいなぜなのか。いずれ小説のなかで解きたい日本史のミステリーのひとつと言えるでしょう。

家康が関八州《かんはっしゅう》に移った理由

そもそも、家康は三河《みかわ》（今の愛知県東部）の人です。

初めて江戸に入ったのは一五九〇年（天正《てんしょう》十八年）でしたが、このときの天下人はまだ豊臣秀吉でした。

東海道新幹線で東京、品川、新横浜の次の駅が、神奈川県の小田原《おだわら》です。その小田原を拠点にしていた北条《ほうじょう》家が最後まで秀吉に抵抗したため、秀吉は大軍を率《ひき》いて小田原を攻めました。そして、一五九〇年に北条家を討ち滅ぼし、天下統一を成し遂げたわけです。

そのとき、秀吉は家康に「北条家の持っていた関八州《かんはっしゅう》をすべて、おまえにやろう。その代わり、おまえが持っている所領を全部もらう」と持ちかけました。

関八州とは小田原のある相模《さがみ》国をはじめ、武蔵《むさし》、上総《かずさ》、下総《しもうさ》、常陸《ひたち》、上野《こうずけ》、下野《しもつけ》、安房《あわ》の関東八カ国のことです。一方、家康が当時、持っていた所領は、駿遠三甲信《すんえんさんこうしん》（駿府《すんぷ》、遠江《とおとうみ》、三河、甲斐《かい》、信濃《しなの》）の東海五カ国でした。

東海五カ国と関東八カ国を丸ごと交換するというのですから、まさに超大型トレードです。今の私たちの感覚からするならば、関八州のほうが、面積が広いだけでなく豊かで交通の便もよく、圧倒的に有利な取引という感じがします。しかし当時では、とんでもなく不利な話でした。というのも、当時の関八州は広大なだけで、その大部分がこれといった産物もない寒村だったからです。

では、関八州の首都が小田原に置かれていたのはなぜでしょう。それは、関八州で最も京都に近かったからです。全国の戦国大名たちが、みな京都・大坂を向いている時代ですから、小田原に首都が置かれたのは当たり前のことでした。

一方、家康が治めていた東海五カ国は、政治の中心であった京都に近いだけでなく、戦国時代には生産力がきわめて高い日本一の穀倉《こくそう》地帯で、しかも商工業も発展していました。この地域から三大戦国武将と言われる織田信長《おだのぶなが》、豊臣秀吉、徳川家康が出たのも、理由のないことではなかったのです。

家康が超大型トレードに応じた理由について、歴史学者の間ではふたつの説が有力になっています。ひとつは、秀吉が強大な権力をバックにして強引にトレードを命じたという説です。家康には、秀吉の命令を拒否する力はありませんでしたから、しぶしぶ命令に従ったわけです。私は、この説を採《と》っています。

『家康、江戸を建てる』の冒頭は、有名な関東の連れ小便のシーンです。北条征伐《せいばつ》の際、秀吉と家康は石垣山《いしがきやま》の山頂で、眼下に小田原城を見ながら並んで小便をしたというエピソードから書き始めています。

「さればば家康殿、このたびの戦《いくさ》がすみしだい、貴殿には北条家の旧領である関東八か国をそっくりさしあげよう。相模、武蔵、上野、下野、上総、下総、安房、常陸、じつに合わせて二百四十万石《ごく》。天下一の広大な土地じゃ。お受けなされい」

中　略

「国替えのお沙汰《さた》、ありがたくお受けつかまつる」

「そりゃ、まことか」

「まことに存じまする。この家康、このような千載一遇《せんざいいちぐう》の機をあたえてくださった関白様には心の底から感謝しておるのでございます」

秀吉は、五十五歳。トントン床をふみならし、ほんとうに雀踊《こおど》りをはじめた。じゃま者を僻地《へきち》へ追い払ったことが、よほどうれしかったのだろう。

「そうと決まれば、徳川殿、のう、さっそく出向かっしゃれ。のう、のう、今月のうちに」

（『家康、江戸を建てる』P8、P11）


もうひとつは、家康が自分からトレードを申し出たとする説です。江戸時代には、こちらの説のほうが有力であったようです。というのも、江戸時代に江戸は飛躍的に発展を遂《と》げ、天下第一の大都市になっていましたから、多くの人たちは「神君《しんくん》・家康はこうなることを見通していた」と考えたわけです。ちなみに神君とは、偉大な功績を残した君主のことですが、江戸時代には家康を敬《うやま》う死後の呼称として用いられました。

この説は、人間の習《なら》い性《しょう》に合っています。一か八かの賭けであっても、結果がうまくいくと「最初からそう思っていた」と後付けで豪語するのが人間の性《さが》です。後付けとは現状の追認ですから、賭けの結果が成功であれ失敗であれ、自己の立場を正当化できます。その甘い誘惑に勝って事実を冷静に見るのは、なかなかできることではありません。だから、徳川家の末裔《まつえい》や家康を信奉《しんぽう》している武家たちがこの説を唱えた裏には、そういう人間の心理があると見たほうがいいでしょう。

リアルに考えて、自分から東海五カ国を捨てて、多くの点で見劣りのする関東八カ国に移ることはありえないと私は考えます。つまり、家康は秀吉に命じられて、イヤイヤ関八州に移ったのです。左遷《とば》された、と言っても差し支《つか》えないと思います。

江戸は荒れた寒村だった

こうして、家康はしぶしぶ関東に国替えをしました。

ここで首を傾《かし》げざるをえないのは、首都を小田原に置かなかったことです。先述したとおり、小田原は関東のなかでは最も京都に近く、ほぼ完成された関東一の都市ですから、誰が考えても小田原に入るのが最善の判断でした。

ところが、家康は箱根《はこね》の山を越えて、江戸に入りました。これは、私に言わせれば、とんでもない決断です。

というのも、一五九〇年の時点で、江戸はまったくの寒村だったからです。

当時の江戸の様子を描いた文献が、たくさん残っています。機会があったら、ご覧になってみてください。人家がまばらな寒村以外の何ものでもありません。

たとえて言えば、マットレスのようなデコボコした地形です。丘の合間は谷になっていて、たくさんの川が流れている。しかも、江戸の内海《うちうみ》（今の東京湾。江戸時代に「江戸湾」という呼称は使われていない）に近い湿地帯はあまり高低差がないため、ダラダラと浅い川が流れている感じです。

すでに太田道灌《おおたどうかん》が、一四五七年に江戸城を築いています。太田家は、武蔵国守護代《しゅごだい》だった扇谷上杉家《おうぎがやつうえすぎけ》の家宰《かさい》（一家の家長を補佐して家事を取り仕切る重臣）を務めていました。

太田道灌は、江戸の町づくりをしたというよりは、戦闘用の要塞として城を造《つく》っています。江戸は地形的には、天然の要塞を築きやすかったのでしょう。

江戸城はなかなかいい小城でしたが、太田道灌が亡くなった後は、すっかり寂《さび》れてしまいました。城の東側と南側は、海でした。西側は、茫々《ぼうぼう》たる萱原《かやはら》。北側は開けていましたが、農家が散見される程度でした。

江戸城を見たときの家康の心中を、私はこう描写しました。


「……こいつは」

家康は、呆然《ぼうぜん》と、

（わしは、たしかに乱心しておったかもしれぬ）

想像以上のお粗末さだった。

なるほど大手門《おおてもん》があり、本丸があり、本丸のまわりを二重の防壁でかこんでいるところは城郭めいているが、その防壁はしかし石垣ではない。ただの芝生を貼《は》った土手にすぎず、その土手の上には木や竹がぼさぼさと生い茂っていた。

「これは、まるで荒れ寺のようじゃ。のう？」

家康は、背後へ呼びかけた。


（『家康、江戸を建てる』P13～P14）

城の周辺はどうなっていたかというと、海岸線が内陸まで入り込んでいて、今の中央区銀座《ぎんざ》や千代田区日比谷《ひびや》のあたりは、まだ海の底でした。また、陸地部分はなだらかな平野が続いたため、地下水を取ろうとして井戸を掘っても、海水が混じっていて飲料水には使えないところも多かったようです。

新天地に〝徳川ランド〟をつくる

江戸の地形的な問題は、北方に並び立つ山々を水源として関東平野を北から南へと流れる川がたくさんあり、その川が幾重《いくえ》にも分岐して流れていたことです。幾条もの川が綾《あや》を成すようにして流れて瀬をつくっていたので、こうした自然の地形を綾瀬《あやせ》と呼びました。女優の綾瀬はるかさんの綾瀬で、今でも東京都足立区に綾瀬という地名が残っています。

江戸は言ってみれば綾瀬だらけの平野であり、とても人間が住めるような場所ではなかったのです。ところどころにある丘に神社を中心にした集落ができ、人々は細々と暮らしていました。だから、人口はわずかでした。

江戸の人々は、遠浅の江戸前（内海で漁場のこと）で魚を獲《と》ったり、海苔《のり》を養殖したりして暮らしを営《いとな》んでいました。

魚を獲ると言っても、網を使った素朴な漁法です。また、海苔の養殖も遠浅の海岸に長い棒を立て、その棒に巻きついた海苔を採集するという原始的な方法でした。そ

かつて東京の都心は海の底だった

国土地理院の空中写真と、家康が江戸に入った1590年ごろの海岸線を合成して作成。
現在の皇居外苑や日比谷公園にまで海が入り込んでいた

（カッコ内の地名表示は現在のもの）

の長い棒を「ヒビ」と呼んだのが語源となって、日比谷という地名になったと言われています。戦後、ＧＨＱ（連合国軍最高司令官総司令部）の本部が置かれ、今も帝国ホテルなどが立ち並ぶ都心の一角は、かつて海苔の漁場であったのです。

このような寒村を初めて見たとき、家康はどう思ったでしょうか。「ここなら幕府を開くことができる」と思ったか、あるいは「ここに幕府を開くのは大変だ」と思ったか、今となってはわかりません。

ただ、家康の心中を察するとき、小田原ではなく江戸を選んだのには、ひとつの判断があったと私は考えています。それは、江戸には何の既得権もなかったことです。

美田《びでん》と泥沼を交換しろというようなものである。家臣たちは「断固拒否すべし」と言いつのったし、家康自身、そのことに心がかたむきもしたが、結局、この国替えを受け入れたのは、

（関東には、手つかずの未来がある）

その直感の故《ゆえ》だった。うまく手を入れ、田をひらき、街をつくれば関東は上方《かみがた》に

もまさる大生産地帯になる。大消費地になる。その中心地として小田原ではなく江戸をえらんだのも、いろいろ地勢的な理由はあるけれども、究極的には、(手つかずの、土地)

日本史上もっとも人と米と土と金《かね》を投入した、巨大なばくちにほかならなかった。

(『家康、江戸を建てる』P389)

誰の手も入っていない新天地。この点に関してだけは、江戸が小田原に勝《まさ》っています。このたったひとつの長所から、家康は江戸を幕府に選んだのではないかと私は想像しているのです。

未開に近い、まっさらな新天地に理想の徳川ランドをつくる――。そんなイメージを抱いて、家康は江戸に入りました。しかし、実際に見た江戸は、想像以上に貧しい土地でした。だから、進むか撤退か、家康はしばしば迷った末に決断したのではないでしょうか。

家康が入府《にゆうふ》した当時、関八州の総石高は二四〇万石でしたが、その半分については家臣に分け与えています。たとえば上野国箕輪《みのわ》一二万石を井伊直政《いいなおまさ》に、上野国館林《たてばやし》一〇万石を榊原康政《さかきばらやすまさ》に、上総国大多喜《おおたき》一〇万石を本多忠勝《ほんだただかつ》に、下総国臼井《うすい》三万石を酒井家次《さかいいえつぐ》にといった具合です。

江戸の歴史を遡《さかのぼ》る

ここで、江戸幕府が開設される以前の江戸の歴史について、簡単に振り返っておきたいと思います。

奈良時代から平安時代にかけて、日本に中央政府が設立されるころ、武蔵国は中央から来た国司《こくし》という役人によって治められていました。律令《りつりよう》に基づく行政機構が形を整えつつあったわけです。このことは平安時代の古文書に記されています。

国司のいる役所は国衙《こくが》、その国衙が置かれた地が国府《こくふ》（「こう」とも読む。現代で言う都道府県庁所在地）です。では、武蔵国の国府はどこかというと、府中《ふちゆう》でした。今の東京都府中市です。駿河国の国府は駿府、甲斐国の国府は甲府《こうふ》と言いましたが、いずれも今も地名に残っています。

「銀座や日比谷は海の底でした」と前述しましたが、やはり今では想像もつかないほど海岸線が内陸まで入り込んでいたため、現在の東京二三区より西に位置する府中が国府として選ばれたと推測されます。

ちなみに「江戸」というのは、府中から見て東の海岸部を指す言葉です。大きな湾(海)に面した入り江で「江」、海の入り口の「戸」という意味で、江戸と呼んだに違いありません。

鎌倉時代になると、鎌倉と東北を行き来する道は府中を通っていました。当時の紀行文(日記)である『とはずがたり』という古典を読むと、府中近辺には人が馬に乗っていても見えないぐらいの高さのススキが生えているという描写があります。

室町時代には京都中心の政治になりましたから、江戸は関東の一地方にすぎない存在でした。たとえば、守護大名の山名《やまな》家は当時、全国に六六あった国のうち一一カ国を領国として支配、すなわち六分の一を占有し、「六分一殿《ろくぶんのいちどの》」と称されましたが、京都在住で領国の支配は家臣に丸投げでした。おそらく、一度も行ったことのない領国も多かったと思われます。このような次第ですから、江戸も京都とは縁遠い田舎町だったと言っていいでしょう。

戦国時代になると、すでに述べたように太田道灌が江戸城を築きましたが、京都とは縁遠い辺境の地という位置づけは変わりませんでした。

太田道灌の江戸については、ふた通りの見方があります。ひとつは、未開発の寒村であったという説です。もうひとつは、それなりに大した城と城下町であったという説で、最近はこちらのほうが存在感を増しているような気がします。

しかし、太田道灌が亡くなった後は人口も減り、江戸の町は廃《すた》れていったのです。

戦争に支えられた土木技術

江戸周辺は既得権がない地域とは言っても、天下の首都にするためには大勢の人を集めなければなりません。それには、まず江戸の地を人の住める土地に改造する必要がありました。

最初にやらなければならなかったのが、埋め立てです。綾瀬のままでは町にならないからです。丘を崩したり他所《よそ》から持ってきたりした土で綾瀬を埋め立て、人が住む屋敷を建てられるようにする造成工事が行なわれました。

幸運なことに、そうした埋め立てなどの土木技術は、戦国時代に急速な発達を遂げていました。

そもそも、技術は戦争によって発達します。これは世界中で言えることです。土木技術は軍事的な有利・不利に直結しているため、戦争が起きるたびに飛躍的に発達してきたのです。

たとえば、典型的な土木技術として、甲斐国の戦国大名だった武田信玄《たけだしんげん》が造った信玄堤《づつみ》が挙げられます。

甲斐国の甲府盆地（今の山梨県中央部）は周囲を山に囲まれ、雨が降ると川を通じて大量に水が流れ下ってきます。そこで川の氾濫《はんらん》を防ぐために、築堤《ちくてい》や治水《ちすい》の技術が不可欠でした。水を管理、制御しなければ稲作は成り立ちません。土木技術で米の生産力を上げないと、北の上杉謙信《うえすぎけんしん》や南の徳川家康らに対抗することができなかったからです。

逆に言うと、米の生産力を上げることさえできれば、甲斐はいわば日本の真ん中にあり、地の利がいい国ですから、天下を取ることも夢ではありませんでした。甲斐が通行を許可しなければ、日本海側の豊かな物資を三河に持っていくことはできなかったですし、太平洋の幸《さち》を信濃や越前《えちぜん》、加賀《かが》に運ぶこともできませんでした。

家康は知的好奇心が強く、いわゆる学術オタクで知られています。そんな彼は江戸を見たとき、戦国時代に発達した最新の築堤技術を使えば、何とかなると思ったのではないでしょうか。

それと同時に、最新の技術をもってしても、すべてが完成するまでには五〇年、一〇〇年かかるということも見通していたと思います。工事の対象となる面積が広大であり、やらなければならない工事が山積みだったからです。

幸いだったのは、秀吉が一五九八年に亡くなり、家康が実質的に日本一の武将になったことです。家康が「江戸に居城を造る」と宣言すれば、多くの大名たちが人手や物資、技術を提供することは明らかでした。

あとは、時間との戦いです。江戸が出来上がるのが先か、家康自身の寿命が尽きるのが先かという意味での戦いがありました。もうひとつは、自分に反感を持つ大名たちが謀反《むほん》を起こさないかという意味での戦いもありました。

しかし、これらの問題もクリアできると家康は判断したのでしょう。だからこそ、江戸の町づくり＝家康の江戸プロジェクトが始まったのです。

命令伝達のシステム

関ヶ原の戦いに勝利して、天下人になって以後も、家康は伏見城にいて江戸にはめったに来ませんでした。

ただし、江戸の城づくりや町づくりについては伏見城から指示を出していました。それも縄張《なわば》り、つまり設計や平面図の作成について、神経質と言ってもいいぐらい細かい指示を出していたことが最近の研究でわかっています。たとえて言うなら、もし当時に新幹線があれば、京都‐東京間を一〇〇回は往復しているだろうというほどの過敏さです。

家康には、細かい指示を出せるだけの築城や土木技術に関する知見があったのでしょう。そもそも戦国大名の持つ総合力のうち、戦闘の力は半分であって、残りの半分は土木技術力だったかもしれません。築城や治水などの土木技術力で勝てないと、戦闘でも勝てなかったのです。

家康は自分で縄張りをつくるわけではありませんでしたが、こういう城を造りたいという具体的なビジョンを示して、それに近づけるように指示を出したと考えられます。

このことは、山名家のような家臣任《まか》せの領国経営とは違って、徳川家が自らの指示どおりに動くようなブレーンやテクノクラート（技術官僚）を抱えていたことを示しています。室町時代とは異なり、トップダウンで命令を伝達する官僚機構のようなシステムが発達し、整備された結果だと思います。

この伝達システムの未発達という点が、室町時代の混乱の原因でした。トップが京都にいて目が届かず、領国が野放図になっているから、いわゆる下克上《げこくじょう》が引き起こされてきたわけです。

ですから、下克上の勃発《ぼっぱつ》を防ごうと思ったら、命令の伝達システムを整備する必要がありました。おそらく家康にとっても、この伝達システムの整備は、徳川家内でクーデターを防ぐためにやらなければならない命がけの大事《おおごと》だったと思います。

そして、築城や治水など戦国時代に陶冶《とうや》してきた最先端の土木技術があったからこそ、江戸城や江戸の町づくりを成功させることができたのです。

家康は京都をモデルにして江戸の町をつくったという説がありますが、私の印象では家康がモデルにしたのは京都ではなく、伏見です。今は京都市伏見区になっているので、伏見は京都だと思っている日本人が多いですが、当時の人たちは京都と伏見は別であって、伏見は郊外の村だと考えていたはずです。

伏見は京都の南に位置し、淀《よど》川の河口に当たります。京都には鴨《かも》川と桂《かつら》川、宇治《うじ》川が流れていますが、この三つの川が合流するところが、淀です。そして、この淀から淀川が流れていて、淀と京都の間の湿地帯が伏見なのです。

つまり伏見は、家康が町づくりに取り組んだ当時の江戸と同じように、治水や土木の技術がなければ人が住めるところにはならなかった土地です。

江戸も伏見も、基本的には碁盤《ごばん》の目のように町がつくられていますが、川や運河があるため市街地が寸断され、整然とした碁盤の目にはなっていません。これも両者に共通する地勢です。

伏見を居城にしていた家康は、伏見の町づくりを参考にして江戸の開発に取り組んだのではないでしょうか。

第二章

水を治める——水運と水道

利根《とね》川の流れを曲げる

江戸幕府の開設にあたり、徳川家康が最初にしなければならなかったのは水運と水道、つまり水利の整備です。

埋め立てをして宅地を造成するのは当然として、最大の難題は利根《とね》川をどうするかでした。利根川は信濃川に次いで、日本で二番目に長い大河です。

日本地図を見ればわかるとおり、利根川は群馬県利根郡みなかみ町の水上《みなかみ》山地に水源があります。それが南に下るごとに大きな川になり、栃木県との県境に近い埼玉県久喜《くき》市栗橋《くりはし》のあたりでグイッと東（地図では右）に曲がっています。最後は、茨城県と千葉県の境目あたりを通り、鹿島灘《かしまなだ》に注《そそ》ぐという流れになっています。

しかし、家康が見た利根川は、今とはまったく違う流路でした。上野国の北部にあった水源から江戸まで、北から南へと流れ、しかも江戸城の北東にあたる関屋《せきや》（今の足立区千住《せんじゅ》関屋町付近）の河口付近は綾瀬になっていました。

南に下るにしたがって渡良瀬《わたらせ》川、荒《あら》川（今の元荒川）と合流し、江戸の河口部分では三本に分岐して内海に流れ込みます。この三本が、今の隅田《すみだ》川、中《なか》川、江戸川ですが、当時は「利根川」と呼ばれていたようです。これほど大きな川が町の中ほどを流れていたら、大勢の人が住むどころの話ではありません。それで、家康は「利根川を何とかしなければならない」と思ったはずです。

そのときに出されたアイデアが、利根川の流れを曲げてしまう利根川東遷《とうせん》という一大事業でした。

このとき、家康が事業の指揮官として抜擢《ばってき》したのが伊奈忠次《いなただつぐ》です。一五五〇年（天文《てんもん》十九年）、三河国幡豆《はず》郡小島城に生まれています。

伊奈家は、家康がまだ三河の一大名にすぎなかったころ、徳川家の家来でした。ところが、三河国で浄土真宗本願寺派《じょうどしんしゅうほんがんじ》（一向宗《いっこう》）の信者たちが団結して、いわゆる一向一揆《いっき》を起こしたとき、忠次の父、伊奈忠家《ただいえ》は暴徒の鎮圧に加わらず、小島城に立て籠もって静観しました。

三河の一向宗は手ごわく、家康の軍勢は局所的には連戦連敗したところもあったぐらいです。鎮圧するまでに時間と手間がかかり、多くの家来が命を落としました。家康にとってはその後、ある種のトラウマになる事件でした。

結局、一揆の鎮圧後、伊奈家には領外追放処分の沙汰が下りました。このため、忠次は父とともに放浪の旅に出たのです。

その旅のなかで、忠次は甲斐国にも逗留《とうりゅう》しています。史料が残っていないため、武田家の下級官吏《かんり》として働いたかどうかはわかりませんが、甲斐に滞在中、治水事業の現場などもつぶさに見たようです。

その後、堺にいた伯父《おじ》の伊奈貞吉《さだよし》のもとに身を寄せ、堺で二〇年ほど暮らしました。

すると、一五八二年（天正《てんしょう》十年）になって、天下の大大名《だいだいみょう》となった家康が堺にやってきて、滞在したのです。それを知った伊奈忠次は滞在先に家康を訪ね、先祖の非礼を詫《わ》びました。そのうえで、改めて仕官を願い出たところ、家康からＯＫが出たのです。

そのとき、家康はまだ江戸には行っていませんでしたので、利根川東遷事業を忠次にやらせようと考えていたわけではなかったはずです。家康が忠次のどのような能力や技能に注目し、何をさせようと思って召《め》し抱《かか》えたかは、はっきりとしたことがわかりません。

忠次は家康の側近の家来を経て、家康直属の近習衆《きんじゅうしゅう》に引き上げられています。これは今で言えば、支社の平社員が本社の社長室に異動するようなもので、ごぼう抜きの大出世だったと言えるでしょう。

後に利根川を曲げる事業をやろうというときになって、「そう言えば、忠次がいたな」と、家康がその存在に思い至ったことは確かです。

水流を制御するシステム

家康が江戸の町づくりに着手した当時、戦国大名たちによって築堤や築城、治水など、さまざまな土木技術がすでに開発されていました。

その代表的な事例である甲斐の信玄堤については、すでに触れました。武田信玄が開発した日本初めての水流制御システムです。

これによって、甲府盆地に水害をもたらしていた御勅使《みだい》川という暴れ川は、ほぼ完全に制御されたのです。この川は、平安時代に淳和《じゅんな》天皇が勅使《ちょくし》を遣《つか》わして安全を祈願したという伝説から名づけられています。「御勅使」と書いて「みだい」と読みます。興味深いのは、聖牛《ひじりうし》と呼ばれる装置です（単に「うし」と呼ぶこともある）。三角錐の形に組んだ丸太の枠のなかに、石を詰めた竹籠を入れて川底に沈めたものです。これで水の勢いを緩和《かんわ》させたり、流れを変えたりします。水面に出た部分が牛の角のように見えるので、聖牛という名がつきました。土木工事のときは、聖牛を沈めて水流を弱めたところに石を積んでゆくので、一気に作業の片をつけなければいけません。

藤堂高虎《とうどうたかとら》が藩主をしていた伊予今治《いよいまばり》藩の今治城は、藩主の高虎自身が縄張りをして築いた名城です。この城の堀は海とつながっており、海水を引き入れて、ふたたび海に出すという珍しい仕組みを採用しました。海に面した今治という土地の特性を活《い》かした造りなのです。潮の干満で、お堀の水位も変わります。

こうした高度な治水技術が、地方においても存在していたわけです。高虎は築城の名手として知られていますね。

戦国時代の高度な土木技術

武田信玄：信玄堤の聖牛。河川の水流を弱め、洪水を防止する

藤堂高虎：今治城の堀。海水を引き入れている

写真／時事（2点とも）

私たちはつい、城のお堀は池のようなものと思いがちですが、そんなに速くはないものの、水流がありました。流れがゆっくりではあっても、あれだけの水量があれば、位置エネルギーは相当な量になりますから、攻める側の兵士がすんなり泳いで渡れるというものではなかったはずです。

また、普通の海や川のように魚なども生息していますから、籠城しているときに食糧として利用することもできたと思います。実際、今治城のお堀には、今もボラなどを見ることができますし、サメやエイまで発見されてニュースになりました。

城の周囲にめぐらした堀ではありませんが、琵琶《びわ》湖の湖畔にある近江八幡《おうみはちまん》には、八幡堀という優れたお堀があります。松竹《しょうちく》などが時代劇の撮影をするとき、よくロケに使う場所として有名です。

琵琶湖と近江八幡の町との間に山があり、物資の輸送に支障を来《きた》していたので、琵琶湖から堀を開鑿《かいさく》していき、山をグルッと回って琵琶湖に戻す堀をつくったのです。それが八幡堀です。

この堀の開鑿は、琵琶湖水運の新たな可能性を切り開いた画期的な事業で、近江八幡は日本の一大商都になりました。最初は豊臣秀吉の甥《おい》で後に関白になった豊臣秀次《ひでつぐ》が藩主として支配していましたが、お堀をつくったのは町人たちの力です。

いわゆる近江商人のなかには、この近江八幡を拠点にしていた人も多かったようです。ふとんの西川《にしかわ》で知られる西川家や、『近世畸人伝《きじんでん》』を書いた江戸時代後期の国学者、伴蒿蹊《ばんのこうけい》の伴家なども近江八幡の商家です。

遠浅の海を埋め立てる

江戸の古地図を眺《なが》めていると、水色の部分が多いことが目につきます。つまり、もともと低湿地である江戸には川や運河、ため池、お堀などが散在していたのです。

こうした江戸の地形は水運に適したものであり、船を使った物流の発達によって、江戸の繁栄の礎《いしずえ》になりました。

それから、江戸内海が湾であったことも、大きな天恵でした。台風の襲来に伴う高波や高潮、地震による津波の直撃を和《やわ》らげ、水位の変動を緩《ゆる》やかにする緩衝材《かんしょうざい》としての効果があったと思います。

前述したように、江戸時代には「江戸湾」という呼称を使うことはありませんでした。後世、江戸の内海と東京湾を区別して呼ぶために生まれた造語なのです。国土交通省の公表資料などを見ても、江戸湾と表記する事例があります。

また、「江戸湊《みなと》」とも呼ばれますが、これも厳密に言えば、湾と同義ではありません。穏やかな江戸の内海には、湾の奥に船を接岸して荷を陸揚げできる場所が整備されていきます。そう、「港」です。江戸湊とは、まさしく江戸の港のことなのです。東京都中央区新川《しんかわ》に「江戸港発祥《はっしょう》跡」として碑《いしぶみ》（江戸湊の碑）があります。金色に輝く巨大な碇《いかり》が目を引くモニュメントです。

というわけで、江戸の内海、江戸湾、江戸湊と、江戸時代の東京湾をどう呼びならわすか、それぞれの定義はさておき、とくに決まりはありません。ここでは便宜上、「江戸湾」で話を進めたいと思います。

さて江戸湾は当時、かなり沖のほうまで遠浅の海が続いていました。ですから、私たちが考えるほど、港湾の開発は大変だったわけではないと推測されます。逆に言えば、ある程度の遠浅の海であれば、淡水でなくても開発に支障はなかったのです。

近世の都市には、湾に面したケースや大きな河川のデルタ地帯に誕生したケースが多く見られます。

私は子どもを対象に講演するとき、よく問題を出します。

「東京があるのは東京湾。大阪があるのは大阪湾。では、名古屋があるのは何湾でしょう？」

だいたい、子どもたちは引っかかって「名古屋湾」と答えます。すると、私はすかさず「ブブー、違います。伊勢《いせ》湾だよ～」と言うのです。これで、子どもたちは伊勢湾のことを一生、忘れないでしょう。

こんな問題を出せるほど、大都市は湾につくられることが多いのです。

江戸城の近くまで入り込んでいた江戸湾を埋め立てるために、上野《うえの》や品川《しながわ》の山を削《けず》って、その土を運びました。この土木工事はかなりの大事業で、人とお金はもちろん、知恵や技術も必要とされました。

これまでの歴史研究によれば、土木工事に従事した労働者の賃金は相当に高かったようです。それだけ家康が江戸の開発に熱心だったとも言えますし、高い賃金を出さなければ労働者を集めることができなかったということかもしれません。

工事を始めた当初は料理屋も遊郭《ゆうかく》もないでしょうから、単身で過酷な労働に従事する労働者を呼び込むには、それなりの賃金を示す必要があったのです。

伊奈忠次を抜擢した家康の英断

伊奈忠次は、どちらかというと技術者というよりは、官僚タイプの人間でした。今で言えば、国土交通省の優秀なキャリアといった感じでしょうか。

家康は、全国各地の土地を本領安堵《ほんりようあんど》するための発給文書や、自身が全国の寺社に土地などを寄進する書状を送っていますが、そうした文書に「代官　伊奈忠次」という署名が残っています。代官とは、家康の代わりという意味です。

土地を司る官僚としては、敏腕だったに違いありません。しかも、二〇年間にわたる浪人時代に各地を見聞し、とくに土木技術の先進地域である甲斐国ではその治水の現状をつぶさに見た経験があります。そこで、家康は大抜擢して、利根川を曲げる大事業を忠次に任せることにしたのです。

この意外な人選で、私が感心するのは、家康が戦国時代をイヤと言うほど経験していながら、「もう戦争の時代が終わった」と誰よりも早く察知し、それまでの発想を思い切って転換している点です。

名を知られた猛将で、腹心《ふくしん》である本多忠勝や酒井忠次らに、本領を安堵して大事業を任《まか》せるのが戦国時代の家康のスタイルでした。しかし、江戸の地に足を踏み入れた家康は、そういう従来のしきたりにまったくこだわらなかったのです。

武功《ぶこう》とは無縁な官僚タイプの人材を抜擢して、大事業の指揮官を命じたところが、近代的と言っていいくらい新しい発想だと私は思います。

すでに一五九〇年の小田原攻めの際、伊奈忠次は道路や橋、河川の整備を監督していました。そして同じ年、家康が関東に入国すると、代官頭《だいかんがしら》（後の関東郡代《ぐんだい》）を命じられて検地、新田開発、河川改修などに当たることになります。家康が忠次に「関八州を己《おのれ》のもののごとく大切に致《いた》すべし」と告げたとも言われています。真偽のほどはわかりませんが、それほど家康の信任が厚かったということでしょう。

その意味では、家康が忠次を代官頭に起用した一五九〇年の時点で、実質的に利根川東遷プロジェクトはスタートを切っていたと見ることもできるのではないでしょうか。

関ヶ原の戦いが起きる一〇年も前の時期に、未曾有《みぞう》の決断を下したことは、まさに家康の英断です。逆に言うと、戦国武将たちからは「殿、あなたは手ぬるい。武功を上げたこともないような者に、そんな大事業をさせてもできるわけがないでしょう」と異論が出たに違いありません。

ところが、家康は腹心の武将たちの忠告を退《しりぞ》け、伊奈忠次に利根川東遷事業の采配を任せたのでした。

半世紀におよぶ大事業が成就《じょうじゅ》した

利根川という流域面積で日本一の大河を曲げる。なぜ、そんな大それた事業を成し遂げることができたのでしょうか。

その理由のひとつに、地理的な幸運があります。

当時の関東平野には、すでに述べたように利根川だけでなく、たくさんの大小の河川が北から南へと流れ下り、綾瀬が広がっていました。そのため、土木工事をするときには、一度に利根川の流れを東に変えなくてもよかったのです。

まず、利根川よりも東側を流れる川まで運河を掘って合流させ、流れを少し東に遷《うつ》す。その工事が終わったら、また東側の川まで運河を掘って合流させ、さらに東に遷す。そうやって、少しずつ東に遷し、最終的には鹿島灘に流し込む今の流路に持っていくという手順を踏んだわけです。

最初の難関は、利根川とその東側を南北に流れる渡良瀬川の合流工事でした。

合流点を堅固な堤防で固めるのではなく、一種のダムとも言える遊水池《ゆうすいち》にする。その遊水地の周囲に累々《るいるい》とした控《ひか》え堤《つつみ》を設けて、その外側に水があふれないようにする——それが、伊奈忠次の取ったアイデアです。

ひと言で言えば、自然の力に逆らわない災害予防の技術で、「伊奈流」と呼ばれま

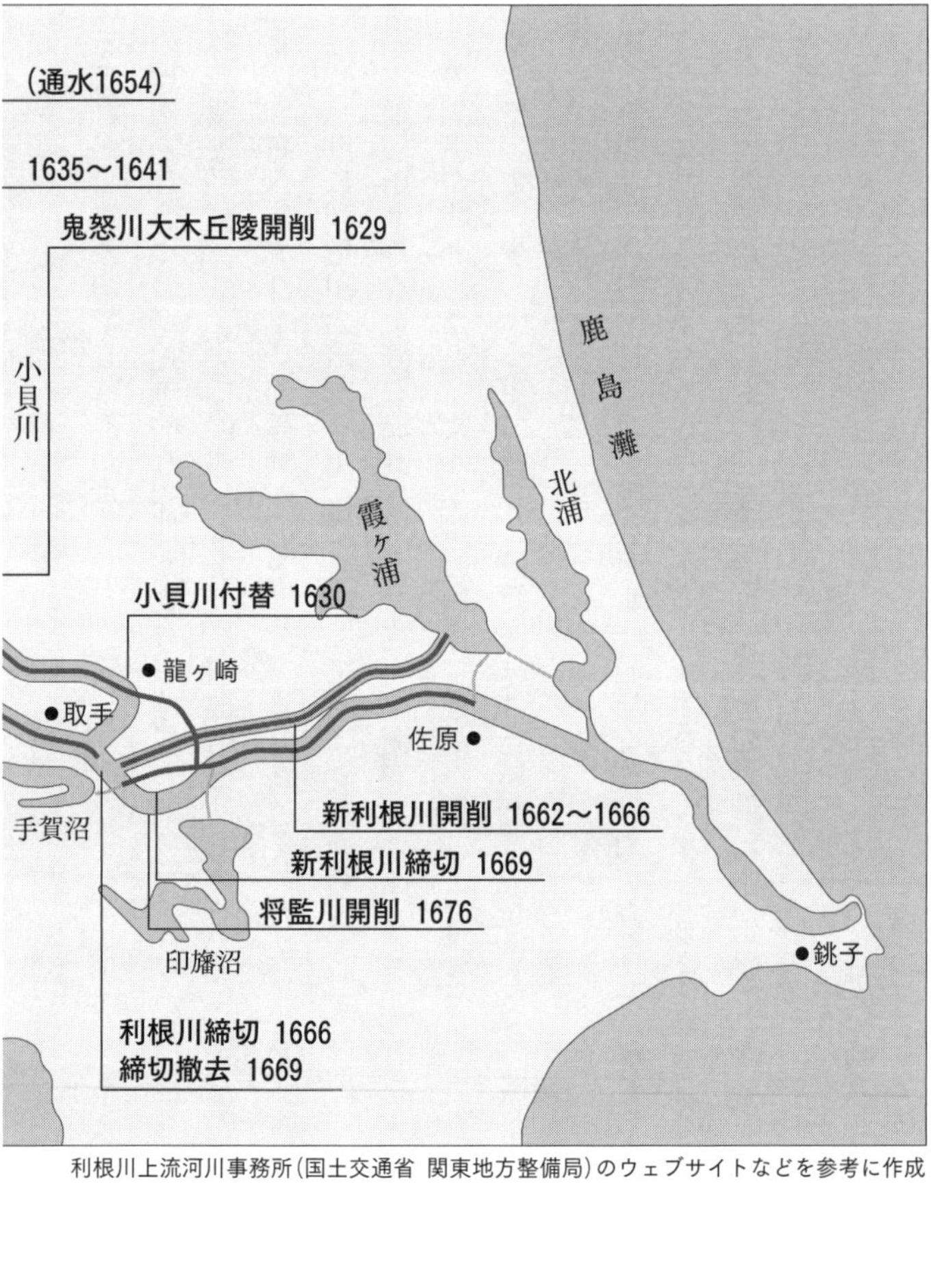

利根川上流河川事務所(国土交通省 関東地方整備局)のウェブサイトなどを参考に作成

利根川東遷は伊奈家三代にわたる巨大事業だった

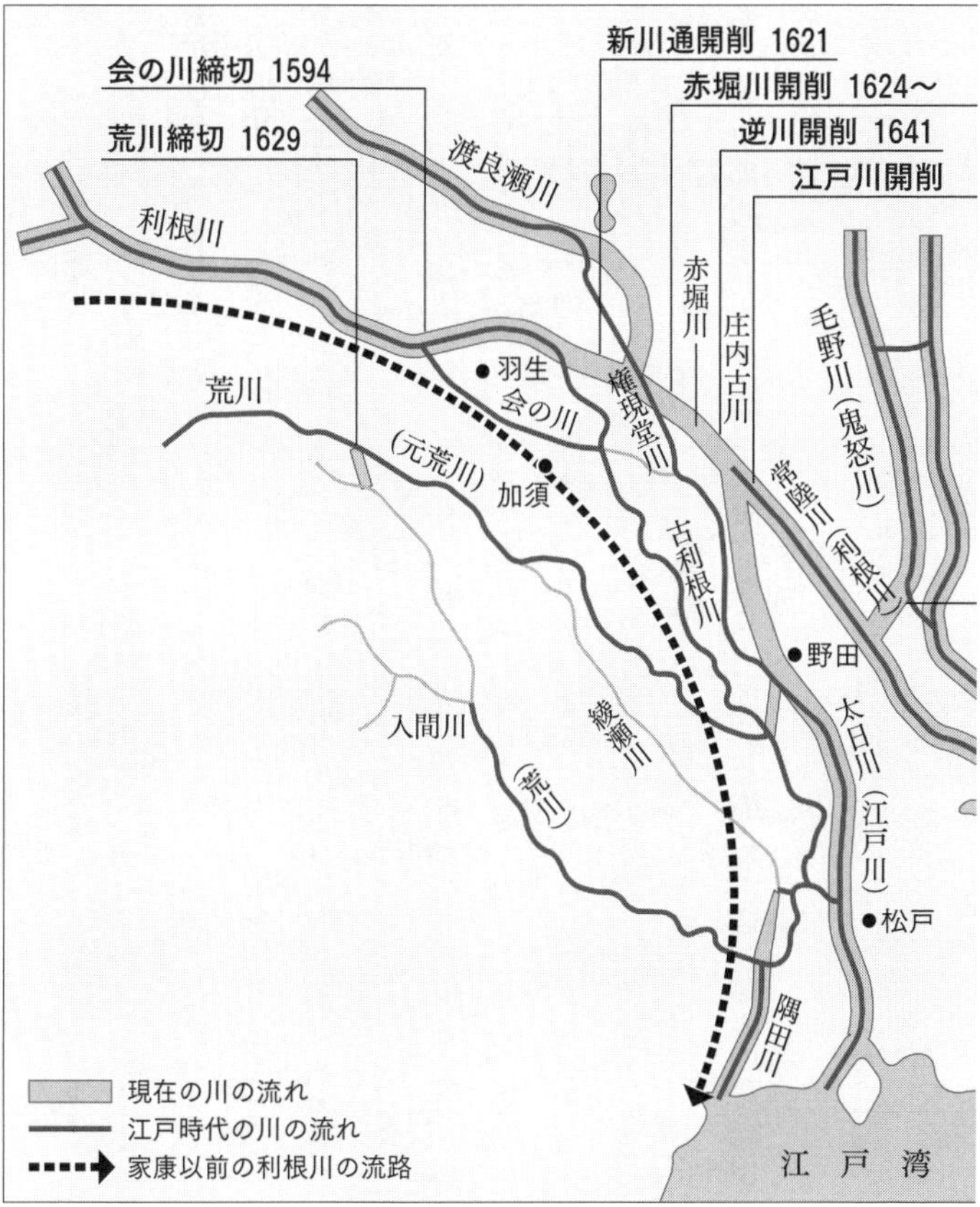

した。この合流工事は、一六二一年（元和《げんな》七年）に完成しています。

さらに利根川からの落とし堀（人工の支流）を東へ掘り進み、常陸川に合流させる工事が行なわれました。赤堀《あかほり》川の掘削《くつさく》です。この工事は二度にわたって失敗した末、一六五四年（承応《じょうおう》三年）に成功しています。分水嶺《ぶんすいれい》の台地を切り拓《ひら》くという三〇年がかりの難事業でした。これによって、利根川は今のように鹿島灘に流れるルートになったのです。

あたかもマラソン・ランナーが次の電信柱まで頑張って走り、また次の電信柱まで頑張って走るというふうに、工事が進められていきました。だから、全体としては半世紀もの歳月がかかり、すべてが完了したのは三代将軍・家光《いえみつ》の時代です。

この間に伊奈忠次が亡くなり、その長男である忠政《ただまさ》が跡を継ぎましたが、忠政も若くして亡くなってしまいます。その後は次男・忠治《ただはる》が継ぎ、代官頭や勘定頭《かんじょうがしら》（後の勘定奉行）を務めました。次いで忠治の長男である忠克《ただかつ》が代官職を引き継ぎ、工事の指揮を執《と》りました。

つまり利根川東遷プロジェクトは、伊奈家三代四人の指揮官が、命がけで成し遂げた一大事業だったのです。ちなみに、伊奈家は忠治以後、八代、一四〇年にわたって代官頭を務めています。

小さな支流どうしでも、つなげて運河をつくれば物流が容易になり、経済が発達します。そういうミクロな事業を積み重ねていった結果、その集積が、全体として利根川東遷になったと見ることができるかもしれません。

また、江戸湾がそれほど潮位の差が激しくない内湾だったことも幸いしました。大潮のときですら、江戸城の堀までは海水が逆流してこない程度だったといいます。

江戸の古地図を広げてみるとわかりますが、平仮名の「の」の字を描くように城の周囲にめぐらされた堀（内濠《うちぼり》と外濠《そとぼり》）は、水路や河川によって江戸湾につながっています。それでも防潮堤をつくる必要はなく、潮位が高いときに潮の流れを堰《せ》きとめる装置を備えるだけで十分でした。この装置があったところが、今の汐留《しおどめ》という地名で残っています。

たとえば、高知県高知市の場合、江戸とはまったく異なる環境にあります。太平洋の黒潮の影響を受けるだけでなく、台風がひと夏に何度も来襲するので、海沿いに町をつくることはできませんでした。

ですから、これも地図を見ればわかりますが、海から山をひとつ挟《はさ》んで北側に町がつくられています。山が防潮と防風の役割を果たしているわけです。町と海側との交通には川を使い、船で人や荷物を輸送しました。

ふたつの上水道

幕府開設前の江戸は、前述したように井戸を掘っても地下水の塩分濃度が高く、飲料水には適さない土地でした。

したがって、飲料水をどうやって確保するかが大きな課題となっていました。初期は譜代《ふだい》の家臣であった大久保藤五郎忠行《おおくぼとうごろうただゆき》が、家康から命じられて上水の探索に当たりました。赤坂《あかさか》の溜池《ためいけ》や神田明神《かんだみょうじん》山岸の湧水《ゆうすい》を水源に、神田地域に住む徳川家臣団の屋敷に供給する水道を開設したのです。

この功績により、大久保藤五郎は家康から褒美《ほうび》をもらっています。それは、山越《やまこし》という名の馬と宮島《みやじま》という名の茶釜、それに主水《もんと》という名前です。これは古代律令制の官名で、飲み水を司《つかさど》る役職でした。

ちなみに時代劇の「必殺シリーズ」に、中村主水佑玉《なかむらもんどのすけたま》五郎《ごろう》という同心《どうしん》（いつも義母に『これ、婿殿《むこどの》』と叱られる）が登場しますが、このように「主水」は、ふつう「もんど」と呼びます。ところが、藤五郎の場合は「もんと」で濁《にご》りません。なぜかと言えば、大事な水を監督する責任者の名前に濁りがあってはならない、ずっと清い水を供給せよ、という家康の意思が反映されたからです。

さて、藤五郎による水道開設で飲料水が確保できたものの、江戸の町は次第に大勢の人間が暮らすようになり、水量が不足しはじめます。そこで、上水を引いてくる計画が立てられ、神田上水と玉川《たまがわ》上水のふたつの上水道が建設されたのです。

このうち、玉川上水については玉川庄右衛門《しょうえもん》と清右衛門《せいえもん》の玉川兄弟が開通させたことで有名です。江戸の西方、約四〇キロの羽村《はむら》（今の東京都羽村市）から江戸市中まで堀をつくって、多摩川の水を引き入れたものです。

ところが、玉川兄弟がどういう人物で、どういう考えを持ち、どういう仕事をしたかなど肝心な点については、あまり史料が残っておらず、よくわかりません。『家康、江戸を建てる』で、私は当初、玉川上水について書こうと調べを進めていました。しかし、情報が少なすぎるので断念し、神田上水について書くことにしたのです。

武蔵野にある井《い》の頭《かしら》池の水が良質だということがわかったので、ここから江戸城まで三〇キロほどの堀を建設することになりました。これが、神田上水です。江戸城内の神田や日本橋といった武家屋敷に水を供給する水道でした。

井の頭池は、今の東京都三鷹《みたか》市と武蔵野市にまたがる井の頭恩賜《おんし》公園の中心をなす池で、当時は「七井《なない》の池」と呼ばれていました。水の湧《わ》き口が七つあるという意味です。家康は鷹狩りを好んでいましたから、もしかしたら、鷹狩りでこの地を訪れたときに井の頭池の水を飲んだことが、神田上水を引くきっかけになったのかもしれません。

水路の開削に採用されたのは、野方堀《のがたほり》という工法です。これは水路を地下に埋めたり、上部を板で覆《おお》ったりしない開渠《かいきょ》をつくるもので、その掘り幅は広くても二間《けん》（約

上水道の水位を調節する工夫

水を堰き止めてから逃がす「角落」（文京区の江戸川公園）

三・六メートル）程度でした。

井の頭池から東に掘り進み、現在の杉並区下高井戸《しもたかいど》のあたりで北東に曲がり、新宿区落合《おちあい》のあたりでふたたび東に向きを変えます。江戸市中に入ってからは、水路内部が石垣で固められたようです。そうして引っ張ってきた上水を一度、文京区関口《せきぐち》で堰《せ》き止めて水位調整をしてから、江戸のなかに入れるように工夫しました。

当時に描かれた絵図を見ると、石を積んでプール状にした部分に上水を貯《た》めて、横に水を流す逃げ口がつくってあります。逃げ口には両脇に石の支柱があり、そこに落とす木の板の枚数で断面積を変えることができました。たとえば、木板を一枚外せば少し流れ、二枚外せば多く流れ、三枚外せば全開というように、流量を調節する仕組みです。

本書の第六章でも述べますが、「角落《かくおとし》」と呼ばれるこの仕組みは、今も文京区関口の江戸川公園で、その遺構を見ることができます。

上水道は関口から江戸市中に向かってどんどん進みます。すると、江戸城の外濠を越して水を流さなければならない箇所がありました。水の上に水を通すのです。そこで開発されたのが掛樋《かけひ》（懸樋とも書く）です。上水専用の木造橋で、人間の通行はできませんでした。

この掛樋は、仙台堀《せんだい》（神田川）の上に架けられました。場所は東京都千代田区の東京ドームの近くです。上水道専用の橋があったことから、水道橋という地名で今に残っています。JR水道橋駅から外堀通りを御茶ノ水方向に歩いてすぐのところに、「神田上水懸樋（掛樋）跡」という大きな石碑もあります。

また水道橋付近は、江戸時代には観光名所のひとつで、多くの絵画が残されていま

広重の描いた「水道橋」

(上)銀世界東十二景　お茶の水雪中の美人
(下)東都名所　御茶之水之図　　２点とも国立国会図書館

す。なかでも、家康の時代からはずっと下りますが、初代歌川広重《うたがわひろしげ》が好んで水道橋の掛樋を浮世絵に描いたようで、興味深く思います。

地名と言えば、東京都新宿区に落合という場所がありますが、これは川が別の川と合流することを意味する一般名詞でした。つけくわえると、ひとつの川がふたつに分岐するところは川俣《かわまた》と言います。こんなふうに、今の地名の由来を見つけるのは、歴史小説を書くうえで楽しいことのひとつです。

また、神田上水は江戸市中に入ってからは開渠ではなく、暗渠《あんきょ》とされました。当時の言葉では「陰溝《いんこう》」と呼び、水道管を地下に埋設《まいせつ》したのです。飲み水にする水なので、土砂やゴミなどの異物が入らないようにしないといけなかったからです。

木でつくられた水道管は木樋《もくひ》と呼ばれ、松やヒノキなど堅くて腐りにくい木の板を四角に組んだものでした。六尺(約一・八メートル)四方といいますから、相当大きな管です。

以上が「江戸っ子は水道の水を産湯《うぶゆ》に使う」と言われた上水のあらましです。

メンテナンスの知恵と工夫

神田上水の整備は、基本的には地面を掘って水路をつくるだけのことでした。だから、一～二年のうちに主な部分は出来上がっています。

しかし、他の地方の例を見ると、水を通すために山にトンネルを掘らねばならないような難工事もありました。なかには、一生かかっても終わらずに次代の人間に完成を託して亡くなったケースや失敗に終わったケースもあったので、一概《いちがい》に上水の建設が簡単な事業とはとても言えないと思います。

水は高いほうから低いほうへ流れます。江戸中心部と三鷹の間では、今の測量値で標高差が六〇メートル程度と、それほどの高低差がなかったので、場所によっては傾斜がつかないところも出てきました。とくに、江戸市中に入ってからは平らなところや上り坂のところもありましたから厄介《やっかい》です。そこで、こうした場所で水を流れるようにするために「枡《ます》」という仕掛けが発案されました。

枡は四角い竪穴で、今のマンホールに似ています。水路を通って流れてきた水はこの枡に貯まり、入ってきた穴より高い位置に設けた穴から出ていきます。この枡を要所要所に設置すれば、水はずっと高いほうから低いほうへと流れるのではなく、下がっては枡で上がり、また下がっては枡で上がりという行程を繰り返しながら流れていくわけです。

また、砂や土を枡内で沈殿させて水を浄化する働きや、木樋と木樋の継ぎ目となって水流の方向を変えたり、水路を分けたりする機能もありました。

神田上水の場合は、利根川東遷事業に比べれば、そんなに難しい工事ではなかったと言えそうです。

しかし、上水というのは人が飲む水を供給する水路なので、神田上水の事業でも実は工事が終わってからが本当の戦いでした。水を汚さないために、さまざまな工夫を凝《こ》らす必要があったからです。上水のメンテナンス（維持）に関する決まりが定められ、たとえば上水にゴミを入れたり、動物を放り込んだりしたら罰せられたのです。

なかでも、興味深いのが、上流での身投げ禁止です。

作家の太宰治《だざいおさむ》は玉川上水に身を投げて心中しましたが、そんなことを水源やその近くでされてしまったら、水が汚れるだけでなく、下流の人たちは気持ちが悪くて水を飲めなくなってしまいます。精神的な意味での穢《けが》れに対する拒否感が強い時代でしたから、身投げはとくに嫌がられました。

また、神田上水を使う人から、今で言う水道使用料のようなお金を徴収する仕組みがつくられていました。これを「水銀《みずぎん》」と呼びます。たとえば、長屋《ながや》の住民であれば、大家さんに月々何文《もん》というお金を払って、上水を使ったのです。そして幕府は、集めたお金を元手にして上水のメンテナンスを行ないました。

このように、江戸の上水道については、非常に近代的なシステムが確立されていたわけです。この上水道の事例でわかるように、江戸の町はゼロから切り拓いてつくり上げたこともすごいけれども、その後、二六〇年間にもわたってメンテナンスをしつづけたことも、相当すごいことだったと思います。

私たちにとっては、江戸の町づくりもさることながら、町をいかにメンテナンスしてきたか、学ぶべきところが多いかもしれません。

水の都

江戸城の東側、今の墨田区周辺は、埋め立てると同時に小名木川《おなぎ》や横十間川《よこじつけん》、竪川《たて》などの運河が開鑿《かいさく》されていきました。

今の地図を見ると、横十間川が南北に、竪川が東西に流れているので「横と縦が逆ではないか」という違和感があります。これについては、江戸城から見ると南北方向が横、東西方向が縦だという説が言われています。

それも一理ありますが、江戸だけでなく、大坂でも横堀川は南北方向に流れています。つまり、日本全体で見ると京都に向かう東西のラインを縦としているわけです。

私は、この説にも一理あると考えます。

江戸ではこうして初期に運河を開鑿したことによって、物流のルートが整備されました。水上交通が発展し、要所に河岸《かし》や湊《みなと》が設けられます。食糧や物産を江戸に運びこむことが容易になり、経済が発展していく礎《いしずえ》になったと思います。

塩は米に次ぐ重要な物資でしたが、江戸開府当初は不足しがちでした。このため、塩の安定的な供給体制をつくることが求められたのです。

この当時、関東では行徳《ぎょうとく》（千葉県市川市）に塩田があり、良質な塩がさかんに生産されていました。家康は、この行徳の塩に着目し、行徳を幕府の直轄領として塩田を保護します。そして塩を江戸に運び込むために命じたのが、前述した小名木川の開鑿です。水運が発達したことによって、行徳の塩が江戸に搬送できるようになり、江戸の栄養事情は劇的に改善したのです。

また、常陸国のコンニャクや上野国の生糸《きいと》、下野国の石材などの特産品も、江戸に供給されるようになりました。

私たちが江戸初期を想像するとき、気をつけなければならないのは、当時の物流の中心は水運であったということです。水運と陸運では、九割以上が水運でした。それから輸送する対象ですが、貨物と旅客では、九割以上が貨物でした。つまり、人を運ぶことはそれほど普通ではなかったと言えます。

なぜかと言えば、その必要がそれほどなかったからです。仕事の打ち合わせのために、大坂と京都、江戸と大坂を行き来することはありませんでした。観光旅行もほとんどなし。そもそも人間には脚《あし》がありますから、自ら歩けばよかったのです。

ちなみに、陸運が水運に取って代わったのは、明治時代に鉄道が敷かれ、陸蒸気《おか》が走るようになって以後のことです。戦後になると、今度は自動車が鉄道に取って代わるようになりました。その後、鉄道の分野では旅客が貨物を上回るようになったのです。

話を戻すと、私たちはつい忘れがちですが、川や運河、海は、主に物を運ぶルートでした。ですから、川や運河の整備によって、江戸は物流基地になったのです。

つまり、まず物が集まりました。それから人が集まり、江戸は巨大な都市へと変貌を遂《と》げてゆくのです。

第三章

都市には何が必要か

米を運ぶ

江戸に大勢の人が住むために、水とともに欠かせないのが食糧です。江戸周辺はあまり米が収穫できる土地ではなかったので、米どころから米を運び込まなければなりませんでした。

当時の穀倉《こくそう》地帯は大坂周辺や東海、それに東北では出羽《でわ》国（今の秋田県や山形県）などです。そうした江戸から遠い米どころから陸路で重い米を輸送するのは、きわめて困難でした。当時は、トラックも貨物列車もなかったからです。

そのため、主に海路を使って、米の輸送が行なわれました。前章で述べたように、当時の物流は水運が中心だったのです。

たとえば、出羽国から江戸に米を運ぶ場合、ふたつのルートがありました。ひとつは近道で、出羽国の日本海側から北上して津軽《つがる》海峡を西から東に回り、太平洋の三陸《さんりく》沖を南下して江戸に入るルートです。これを東廻《まわ》りと言いました。江戸の人たちが食べていた米の半分近くが、この東廻り航路で運ばれたものと言われます。

東廻り航路と西廻り航路の港

距離の長い西廻り航路のほうが安全に物資を運べた

もうひとつが、西廻り航路です。こちらは出羽国から日本海を西へ進み、下関《しものせき》を北から南にグルッと回り、瀬戸内海を東に進んで大坂へ。大坂から南に下り、紀伊《きい》半島沖を回って伊勢湾沖から遠州灘《えんしゆうなだ》、神奈川沖を通り、江戸湾に入るルートです。西廻り航路では米だけでなく、さまざまな物産品が江戸に運び込まれました。航路を走る船は、船の形や掲《かか》げる旗など決められたルールに従って航行したといいます。

東廻り航路も西廻り航路も、どちらも後述する河村瑞賢《かわむらずいけん》という人物が開設した航路です。

距離的には、東廻りのほうが圧倒的に短いのですが、江戸時代二六〇年を通じて主に使われたのは西廻り航路でした。

その理由は、津軽海峡が荒海だからではなく、犬吠埼《いぬぼうさき》（千葉県銚子《ちようし》市）沖の強風が難関だったからです。海岸から離れて航行すると沖合に流され、海岸近くを航行すると座礁《ざしよう》する危険がありました。実に厄介な風で、この海域を無事に通り抜けることはなかなか難しかったのです。

このため、銚子沖を大回りして一旦、相模《さがみ》国の浦賀《うらが》に入り、浦賀から北上して江戸湾に向かうという新たなルートも開拓されました。

出羽国から西の日本海側の地方には、金沢《かなざわ》（加賀国）、萩《はぎ》（長門国《ながと》）、福井《ふくい》（越前国）、鳥取《とっとり》（因幡国《いなば》）など、経済的に豊かな藩が多く見られます。出羽国領内でも、久保田《くぼた》藩や鶴岡《つるおか》藩、米沢《よねざわ》藩などが高い石高《こくだか》を誇りました。これは、産出する米を西廻り航路で安定的に大坂や江戸へ運んだためです。また、米だけでなく特産品の交易や、港に停泊する船から税を徴収することでも収益を上げることができました。

とくに出羽国には、酒田《さかた》という東西両航路の起点とも言うべき港があり、長者と呼ばれる商人が多く出ています。酒田の本間《ほんま》家は「本間様には及びもせぬが、せめてなりたや殿様に」と謡われるほどの豪商でした。つまり、藩主よりも本間家のほうが、はるかに経済力が高かったということです。

ちなみに酒田が航路の起点として重要な港となり、発展したのは、出羽国の中央部を流れる大河、最上《もがみ》川の河口に位置するからです。最上川流域は穀倉地帯で、幕府の直轄領もありました。そこで収穫した米は船で酒田に運ばれます。酒田は米の集積地だったのです。

いずれにしても、太平洋側は日本海側に比べて、船が難破するリスクが圧倒的に高かった。ですから、もし日本海側に江戸湾級の湾があったならば、日本の首都はそこになっていたかもしれません。

古代から明治維新まで、日本の物流の中心は舟運《しゅううん》で、しかもリスクの低い日本海が主になっていたことを強調しておきたいと思います。

ベネチアと江戸

日本海に面した「湾」に近い役割を古代から果たしてきたのが、琵琶湖でした。

東北地方から京都に荷物を運ぶ場合、敦賀《つるが》あたりに船を停《と》めて荷降ろしし、今度は別の船に荷物を積み替え、琵琶湖を南下して大津《おおつ》で荷揚げする。大津からは陸路で山越えして京都に運ぶというのが最短のコースでした。途轍《とてつ》もなく面倒ですが、それでも安全なルートだったのです。

だから、古代から中世、戦国時代に至るまで、琵琶湖の水運は隆盛をきわめ、織田信長や豊臣秀吉も琵琶湖を押さえることに力を注《そそ》いだわけです。

この上代以来の琵琶湖水運のルートを変えたのが、河村瑞賢でした。「急がば回れ」という諺《ことわざ》がありますが、距離的には長くなっても、下関を回る西廻り航路のほうが物資の輸送が早いことに、日本で初めて気づいたわけです。

河村瑞賢は、日本海の各地に船が立ち寄る港湾を整備して、荷物の積み下ろしができるようにしました。前述した酒田も、そのひとつです。それから、たとえば下関の関門《かんもん》海峡のように狭くて岩礁がたくさんあり、リスクのある場所には地元の水先案内人をつけるようにしました。

下関を抜けて瀬戸内海に入ってしまえば、たくさんの島があって目標になり、自分たちの船がどのあたりを航行しているのかがわかりやすいので、一気に安全度が高まります。

こうして西廻り航路が整備されたことによって、商《あきな》いする荷物を安全に運べるようになったのです。

私たちは大阪で名物のうどんを食べるとき、よく「大阪のうどんは昆布出汁《こんぶだし》で、しっかり味がついている。関東のしょうゆ味で真っ黒な汁のうどんと違って、断然美味《うま》いよねえ」と舌鼓《したつづみ》を打ちますが、今も昔も大阪湾で昆布は穫《と》れません。では、その昆布の産地はどこなのかと言うと、蝦夷地《えぞち》（今の北海道）の松前《まつまえ》でした。江戸時代、蝦夷地で収穫した昆布を西廻り航路で大坂に運んだのです。今も大阪で美味《おい》しいうどんが食べられるのは、西廻り航路のお陰だったというわけです。

江戸時代の江戸は、よくイタリアの水郷《すいごう》の町ベネチアと比べられます。

しかし、江戸ではベネチアと違って、小石川《こいしかわ》などの高台では井戸水を飲むことができましたし、上水道も引かれていました。ベネチアの場合、干潟《ひがた》の上に立つ町ですから、井戸を掘ってもおそらく海水しか出ないでしょう。

私のイメージするベネチアは、ドージェ（総督）を中心に議会民主制が発達した近代都市（ベネチア共和国）というよりは、古きよき水の都です。

町には幅の狭い小さな運河が縦横無尽に広がり、観光客を乗せたゴンドラがゆったりと運河を通り過ぎていきます。水運で商業や観光業が発達し、それに伴って文化も発達した中世都市というイメージです。

中世のベネチアの商人たちは、胡椒《こしょう》やシナモンなどスパイスの商いで大儲けしました。当時は、胡椒一粒が金一粒と言われましたが、スパイスがまったく手に入らなかったかというと、そんなことはありません。インドや東南アジアで確保したスパイスを、アラビアの商人たちが陸路でトルコまで運び、トルコから地中海の水運を利用してヨーロッパへと入ってきたのです。その際のヨーロッパの玄関口が、ベネチアでした。

ところが、十五世紀の終わりから大航海時代が始まります。そして大西洋や太平洋を進む航路が開拓されると、まさに「急がば回れ」で、船で直接、ポルトガルのリスボンやベルギーのアントワープなどに運び込まれるようになりました。

これは日本において、西廻り航路、東廻り航路が開拓されたのと同じで、世界史的にも物流の大転換が行なわれたわけです。

私は、ベネチアは江戸よりも琵琶湖畔の長浜《ながはま》に近いように思います。長浜（滋賀県長浜市）は、秀吉が長浜城を築いて城下町を整備して以来、湖北の中心となり、江戸時代は琵琶湖水運の要衝《ようしょう》として栄えました。旧制第三高等学校（略して三高《さんこう》。今の京都大学）ボート部の部員が作詞し、三高の寮歌にもなった「琵琶湖周航の歌」に出てくるので有名です。

日本初の〝プロ経営者〟

ここで、江戸時代の二大航路である東廻り航路と西廻り航路を確立した河村瑞賢という人物について、触れておきたいと思います。

どの港に立ち寄り、どのような産物を、どこからどこへ輸送するのがよいかという航海のスタンダードを立案したのが、河村瑞賢です。

私の見立てでは、河村瑞賢は日本で最初のプロの経営者であり、外部からの招聘《しょうへい》によって経営陣のトップに就任し、江戸幕府の事業を展開して最も成功を収めた人と言えます。

河村瑞賢は伊勢《いせ》国（今の三重県）の貧しい農家で生まれましたが、一説によると先祖は村上源氏《むらかみげんじ》という中世の有力氏族です。

一三歳のときに江戸に出て、土木工事などに携《たずさ》わりましたが、天賦《てんぷ》の才覚で金を稼ぎ、材木商「河村屋」を営《いとな》みます。

四代将軍・家綱《いえつな》のころ、江戸は「明暦《めいれき》の大火」に見舞われ、一〇万人規模の死者を出しました。後述するように、江戸城のかなりの部分が焼け、天守閣も焼失する江戸時代最悪の火事となったのです。

このとき、若き河村瑞賢は、木曽《きそ》（今の長野県中央部）の木材産地に入り、山ごと木材を買い占めました。大火で木材の値段が高騰したため、買い占めた木材を高値で売り抜け、その利ざやで大儲けしたのです。河村瑞賢は河村屋のトップとして、顕著な業績を上げたわけです。

その手腕に目をつけた幕府が「おまえの手並みはすごい。その手腕を活《い》かして、幕府の事業をやってほしい」と持ちかけました。それが、米を江戸に運ぶ東廻り航路、西廻り航路のルートづくりでした。木材の商いとはまったく関係ありませんが、貴重な物資を手に入れ、江戸に輸送するという本質は共通しています。商才に長《た》けた河村瑞賢は、見事にルートづくりを成功させたのです。

そうして銀山の開発や、氾濫が絶えない川の治水や灌漑《かんがい》、築港など、次々と江戸幕府の事業を行なっていきました。

個々の技術について、河村瑞賢は素人でしたが、人を使うのがうまく、手だれの逸《いつ》材《ざい》を揃えて事業を成し遂げていったのです。

家康の人材活用術

家康も、河村瑞賢に勝るとも劣らず、人使いがうまいトップ・リーダーでした。

前半生の戦国の世では、いざとなったら腹を切れるような勇猛で、忠誠心のある武士を重用していました。しかし、平和な時代になると、家康は人材の選び方を大きく変えています。このように、その時代時代に即応した人選をすることができた家康の手腕は、特筆すべきだと思います。

家康が人を見るとき、ふたつのポイントを重視しました。

ひとつは、その人の技術の高さです。利根川東遷事業を任せた伊奈忠次が、このケースです。治水工事を計画し、監督する能力を評価して抜擢しました。

もうひとつは、その人の野心の大きさです。若くて荒削りで、能力は未知数であっても、「こいつはいい瞳《め》をしている」という部下を抜擢しました。大きな野心のある人物は、大きな仕事を任せると嬉々として取り組むのです。今も昔も変わりません。明治維新で大活躍した坂本《さかもと》龍馬《りょうま》や木戸《きど》孝允《たかよし》なども、そういう人物であったと私は考えています。

家康の臣下で、能力が未知数にもかかわらず、抜擢されて力を発揮した人に、橋本《はしもと》庄三郎《しょうざぶろう》がいました。

「吹立《ふきたて》」と呼ばれる精錬技法で、合金を熱して打ち据《す》え、小判を製造する実働部隊のトップだった人物です。後に名前を変えて、後藤《ごとう》庄三郎と名乗りました。当時の文書に残っている署名は、この後藤庄三郎という名前のほうでした。

もともと寒村だった江戸には、窯入《かまい》れして金属を溶かし、小判を製造するような高度な技術はありませんでした。

どこにあったかというと、京都です。豊臣秀吉はさまざまな人材を発掘し、いろいろな技術を育てていますが、貨幣の鋳造《ちゅうぞう》もそのひとつでした。新たに手柄を立てた武将に与える土地がなかったので、鋳造した大判を与えたとも言われています。

京都の後藤家は、もとは足利将軍家に仕える彫金《ちょうきん》師の家柄で、室町幕府が滅びてからは、織田信長や豊臣秀吉に仕えました。秀吉から大判の鋳造を命じられて以後は、貨幣を鋳造する技術を一手に握り、圧倒的な財力を持つことになります。茶屋《ちゃや》家、角倉《すみのくら》家と並んで「京の三長者」と呼ばれていました。

何しろコーポレート・ガバナンス（企業統治）もへったくれもない時代で、自分で鋳造した貨幣を自分の懐《ふところ》に入れてしまうのですから、財力は膨《ふく》れあがる一方です。

橋本庄三郎は若くして、後藤家に小僧として入って働いた外部の人間です。後藤家の嫡男《ちゃくなん》でも何でもなかったのです。しかし、出来上がった大判の品質をチェックする判師《はんし》の役など、任された仕事を見事にやってのけたのでしょう。後藤家のなかで、実力で伸《の》し上がり、貨幣鋳造の仕事に携わるようになりました。

そのころ、家康と何らかの機会に出会ったと推測されます。というのも、ふたりが会ったことを記した史料が残っていないからです。

ここは、小説家の出番です。私は『家康、江戸を建てる』で、ふたりが京都の聚楽《じゅらく》第《だい》で出会い、秀吉の前で舞った家康の舞を、へたくそであると庄三郎が直言するさまを描いていますが、これは作家の想像力の成せる業《わざ》です。

あとで庄三郎が聞いたところでは、家康がそもそも関東の貨幣鋳造のため、

——後藤長乗《ちょうじょう》を、おつかわし願いたい。

と秀吉にねがい出たのは、長乗が目的ではなかった。長乗が来れば、その従者として、

——あの庄三郎とやらも。

そのことを予見していたのだった。

おおやけの場で家康の舞を批判してみせるという作戦そのものは稚拙《ちせつ》だが、とにかくぎらぎらとした目で人生の賭けに出た若者の姿をまのあたりにして、

——こいつは、もらう。

と決めたのだという。手わざや知識ならあとでいくらでも身につけられるが、野

心は、野心だけは、天稟《てんぴん》なのだ。

（『家康、江戸を建てる』P102〜P103）

後藤長乗とは、吹立御用《ごよう》（貨幣鋳造）役である後藤家当主・後藤徳乗《とくじょう》の弟で、家康が江戸で貨幣を鋳造するために秀吉の許可を得て、江戸に呼んだ人物です。

その後、家康が江戸に入ってから、後藤長乗に付き添って橋本庄三郎も江戸に出向いています。これは明らかに、家康に呼ばれて参上したと思われます。家康は橋本庄三郎に会って、「こいつは使える」と確信を持ったに違いありません。

大判から小判へ

家康が橋本庄三郎に期待したのは、もちろん貨幣の鋳造でした。

ただ造幣技術には当時も秘密が多く、京都の後藤家がやっていたのと同じ材料を使い、同じ道具を用いて、同じように火を熾《おこ》してみても、おそらく同じような貨幣を造《つく》ることはできなかったでしょう。それができるぐらいだったら、京都で後藤家があそこまで大きな財力を持っていなかったと私は考えます。やはり、簡単には真似ができない独自の精密加工技術があったと考えるのが合理的です。

大まかに言うと、次のような工程で大判金貨は鋳造されていました。

一・坩堝《るつぼ》のなかに地金《じがね》を入れて、窯のなかに置く。
二・窯の口を粘土《ねんど》で封じ、窯の上に炭を置く。
三・吹き大工たちが息を送って炭の火力を高める。
四・出来上がった純金を切り分ける。
五・切り分けた純金を金属製の槌《つち》で打ち延ばす。
六・縦四寸《すん》（約一二センチ）、横三寸（約九センチ）の大判に仕上げる。
七・偽金づくりを防ぐため、鏨《たがね》のような道具で表面に模様を刻む。
八・模様を刻んだ大判に墨書《ぼくしょ》し、書判《かきはん》（花押《かおう》）を書く。
九・大判の裏表の所定の位置に、極印《ごくいん》（刻印《こくいん》）打ちをする。

当初は拾《じゅう》（一〇）両の大判の鋳造計画を進めていましたが、家康の命によって中止され、壱《いち》（一）両の小判を鋳造することになりました。秀吉の家康に対する疑念を払《ふっ》拭《しょく》するためです。つまり、当時、秀吉が武家に褒賞《ほうしょう》として与えていた大判（天正《てんしょう》大判）は、秀吉自《みずか》らが後藤徳乗に命じて造らせたもので、これと同じような大判を江戸で新規に鋳造するとなれば、秀吉から天下を奪う意図が家康にあると見なされかねない——というわけです。

おそらく技術開発には相当な苦労が伴ったと思いますが、橋本庄三郎は小判の鋳造を成し遂げました。

橋本庄三郎が開発した小判は楕円《だえん》形の薄延べ金で、縦約八センチ、横約四センチ、金の含有比率は八五パーセントと高純度でした。表側の墨書《きわめ》は「後藤」ではなく橋本庄三郎の名前である「光次《みつつぐ》」にし、右肩に「武蔵」と書き記しました。関八州で通用する貨幣を意味します。

この武蔵小判は、関ヶ原の戦いが終わった後、少しだけ小型に改鋳《かいちゅう》され、有名な

貨幣の天下統一と江戸の金座

表　　　　　　　　裏

慶長小判。表側の上部に「壱両」、下部に「光次」と花押がある

写真／共同

金座の様子を描いた「金吹方《かねふきかた》之《の》図《ず》」。江戸後期、1826年（文政９年）ごろの絵巻と思われる　画像／国立公文書館デジタルアーカイブ

慶長《けいちょう》小判として発行されることになります。

慶長小判が武蔵小判と大きく違ったのは、武蔵という地名の表示がなくなったことです。これは、全国どこででも流通可能であることを意味していました。つまり、家康は日本の歴史上初めて、貨幣の天下統一を果たしたのです。

こうして江戸には、金の小判などを造る金座《きんざ》(当初は小判座と称した)ができ、次いで銀貨を造る銀座《ぎんざ》ができました。このうち、銀座は今の中央区銀座の地名に残っています。金座のほうは、今の中央区日本橋にありました。

金座と銀座ができて、橋本庄三郎は出世したわけですが、実は京都の後藤家を凌駕《りょうが》したとまでは言えません。やはり、家康が一六一五年(慶長二十年)、大坂の陣で豊臣家を滅ぼし、江戸が京都・大坂に比べて政治的に優位になって初めて、橋本庄三郎も後藤を名乗り、浮上したと見たほうがよいでしょう。

このように、江戸時代が進むと、京都の後藤家よりも江戸の後藤家のほうが大きな力を持つようになりました。江戸時代二六〇年を通して、小判と言えば後藤庄三郎、と称されるようになったのです。

猫が高く売れる⁉

慶長小判が発行されたころ、金貨の純度は、おそらく日本で一番高かった時代でした。

純度が高かった理由のひとつは、高純度の金を抽出《ちゅうしゅつ》するだけの高度な冶金《やきん》技術があったことです。

もうひとつの理由は、まだ後世のように大量の金貨が必要とされていなかったことです。

八代将軍・徳川吉宗《よしむね》の時代をはさんで、大老《たいろう》・柳沢吉保《やなぎさわよしやす》の時代、老中《ろうじゅう》・水野忠邦《みずのただくに》の時代と、時代が下るにつれて金貨は改鋳され、含有《がんゆう》する金の純度はどんどん下がりました。慶長小判で八五パーセントだった純度は、幕末には五七パーセントにまで落ちたのです。

歴史の教科書を見ると、「小判の改悪」と書かれていますが、これは少し厳しすぎる見方だと思います。というのも、人口の増加と同時に、広く庶民が小判を使うようになったため、幕府は小判の流通量を増やさなければならなかったからです。

そういうわけで、純度を落とすのは仕方のないことでした。逆に言えば、高純度の小判にこだわっていたら、経済の発展を抑制していたでしょう。

ですから、経済を発展させるために純度を下げるのはひとつの選択肢であり、それを改悪と決めつけてしまうのは、批判のための批判と言わざるをえません。

ただし、幕末の小判の純度五〇パーセント台でも非常に高い水準でした。それで、日本が開国したとき、外国人たちが真っ先に目をつけたのが小判だったのです。

この開国当時の小判をめぐっては、面白い笑い話が伝えられています。

開国したとき、外国人、とくにイギリス人が金貨に目をつけていることは、日本人にもわかっていました。純度が高いので、外国に持っていけば高く売れるという理屈です。案《あん》の定《じょう》、日本人のブローカーが出現しました。小判を集めて、横浜《よこはま》に滞在していたイギリス人に売るのです。

その日本人ブローカーたちの間で、小判は隠語《いんご》で呼ばれていました。さて、何と呼ばれていたでしょうか。

答えは「猫」です。

その話を聞きつけた千葉あたりの漁師の間で、「横浜に猫を持っていくと、外国人が高く買ってくれるらしい」という噂が広まりました。真に受けた漁師が猫をたくさん集めて船で横浜に運び、外国人を捕《つか》まえて売りつけようとしたというのです。もちろん、相手の外国人には「なんで猫を買わなきゃならないんだ」と言ってはねつけられ、漁師は途方に暮れたのでした。

同じころ、イタリアのベネチアでは、金貨を中心とした高度な金融システムが発達していました。その金貨は、十三世紀から中世ヨーロッパに流通していたドゥカート（ダカットとも言う）金貨と呼ばれるものです。とくにベネチアが発行するドゥカート金貨は、九九・五パーセントというきわめて高い純度で、直径約二センチ、重さが約三・五グラムでした。

金の純度は、その貨幣が持つ信用力に比例します。その点で、ベネチアのドゥカート金貨はヨーロッパ随一の信用を勝ち得ていましたから、遠隔地との交易もさかんに行なうことができ、富を蓄積していったのです。

有名なシェイクスピアの『ヴェニスの商人』は、中世のベネチアが舞台ですが、書かれたのは十六世紀末と言われています。家康の江戸入りと同じころですね。この戯曲には、友人のためにユダヤ人の商人・シャイロックに融資を申し込む青年が登場します。その金額は三〇〇〇ドゥカートでした。こうしたことから見ても、ベネチアが貨幣経済の中心地であったことは間違いないと言えます。

そして江戸時代の小判は、そのドゥカート金貨に匹敵するような高純度の金貨だったのです。

世界史上初の先物《さきもの》取引は、日本で行なわれた

江戸時代の日本には、それほど高純度の金貨があったにもかかわらず、金融システムの発達を牽引《けんいん》したのは金貨ではなくて、お米でした。しかも、その舞台は江戸ではなく、大坂の堂島《どうじま》(今の大阪市北区堂島)だったのです。

基本的な仕組みは単純で、幕府に納《おさ》める全国各地の年貢米《ねんぐまい》を大坂に集め、それを江

戸に回送するというものでした。その際の受け渡しや取引を米俵の現物でやるのは非常に大変で、まったく効率的ではありません。そこで、「お米何俵」というチケットが発行され、そのチケットを売買する方法が採用されたのです。

このお米チケットは「米切手《こめきって》」と呼ばれ、今で言えば証券ですから、遠隔地との決済にも使われました。また、その年の米の出来高予想をもとに、お米チケットを売ったり買ったりする先物《さきもの》取引の原型のような取引も始まりました。これについては、世界で最初に行なわれた先物取引であると主張する研究者もいます。

先物取引とは、簡単に言うと、ある物の「将来の値段」を、「現在」の時点で決めて売買する取引です。江戸時代の米の場合、出来高によって米の値段が変動するのを防ぐ機能もありました。徳川吉宗の時代、一七三〇年（享保十五年）には幕府公認の取引市場である堂島米会所《こめかいしょ》が開設されています。

アメリカには、シカゴ・マーカンタイル・エクスチェンジ（ＣＭＥ）という世界最大の先物取引市場があります。この市場を一九七〇年代に改革し、為替や証券といった金融商品の先物取引システムを取り入れることで発展させた人物が、ＣＭＥグループの名誉会長、レオ・メラメド氏でした。彼はポーランド出身のユダヤ人ですが、幼いころ、あの杉原千畝《すぎはらちうね》による「命のビザ」で救われ、日本の敦賀に逃れてきたという経験があります。

アメリカで「先物取引の父」と呼ばれるようになったメラメド氏は、敦賀上陸から七三年の時を経て、二〇一四年にふたたび来日します。そして堂島米会所の伝統を受け継ぐ大阪証券取引所（現在は大阪取引所。先物取引を扱っている）を訪れ、このようにスピーチしました。

「大阪は先物取引の故郷です」

ユダヤ人難民として苦難の道を歩んだメラメド氏は、もしかしたら少年時代に接した日本を忘れず、日本の江戸時代に米の先物取引が行なわれていたことを知ったのかもしれません。

堂島の先物取引が世界初かどうか、事実はわかりませんが、大坂でお米チケットによる高度な金融システムが発達を遂げたことは確かです。

これは、比喩《ひゆ》でも何でもなく、まさに米本位制であり、お米が一種の貨幣の役割を果たしたのです。

近代の金本位制では、たとえば一万円札に「このお札を日本橋の日銀《にちぎん》に持っていけば、一万円分の金塊《きんかい》と交換します」と書いてありました。お札はただの紙切れですが、一万円分の金と交換することができたわけです。

それと同じように、江戸時代の米本位制では、米一俵分のお米チケットを持っていけば、米一俵と交換することができたのです。

江戸時代の日本は米本位制だったので、おそらく小判などの貨幣は取引において補助的なものにすぎませんでした。そのため貨幣の流通量が抑えられ、金の純度を高い水準に保《たも》てたのではないでしょうか。

いずれにしても、日本独特の金融システムであったことには違いありません。しかも、政治の中心である江戸から遠く離れた大坂が金融の中心となっていたことも、非常に面白いところです。

江戸時代には、よく「江戸の金遣《きんづか》い、大坂の銀遣《ぎんづか》い」と言われました。つまり、江戸では金貨が主で、大坂では銀貨が主であったということです。

また、江戸では一文、二文と足し算で計算する計数貨幣だったのに対し、大坂では秤量《しょうりょう》貨幣でした。秤量貨幣というのは、何匁《もんめ》と銀の重さを量《はか》って、お金を払うやり方です。

このように江戸と大坂で違いがあったために、両者を仲介する両替商が発達しました。

江戸と大坂で異なる金融圏ができたにもかかわらず、江戸時代を通じて高度な経済活動が営まれたのは、江戸と大坂の両方に共通する経済言語があったからであり、それがお米だったのです。

第四章　江戸の町をつくる

江戸城の天守閣は何色だったか

江戸城をめぐって、歴史学会でいまだに決着がつかない難問があります。それは、天守閣の色です。白か、黒か。まさに、白黒がつかないのです。なお、天守閣とは江戸後期に使われはじめた用語で、もとは「はじめに」で引用した毎日新聞の記事にあるように「天守」と言いました。

城というと、駄洒落《だじゃれ》ではなく、私たちのイメージは白です。実際、姿の美しい姫路《ひめじ》城をはじめ、彦根《ひこね》城や会津若松《あいづわかまつ》城などの天守閣は白壁です。

しかし、城が白になったのは、江戸時代に入って以後のことでした。というのも、白壁に使う漆喰《しっくい》が調達できなかったからです。

江戸の場合、漆喰の主原料である石灰《せっかい》石は、西方の成木《なりき》村近辺（今の青梅《おうめ》市成木）で産出されました。

ちなみに、漆喰は採掘した石灰石を「焼き立て」という工法で焼いてつくりました。高さ三尺《しゃく》（約九〇センチ）、幅四尺（約一二〇センチ）ほどの窯に、小石程度に砕いた石灰石の青白い原石を放り込み、そのうえに木炭を載《の》せて火をつけ、焼くのです。焼き立てによって石灰石が崩れて粉になった消石灰《しょうせつかい》に、「莇《すさ》」を混ぜて水で練り合わせたのが漆喰です。莇とは、布海苔《ふのり》を煮出した糊《のり》や、藁《わら》、麻などを刻んだもので、つなぎの役目を果たします。この漆喰を土壁に塗って乾燥させると、石のような堅固な壁になります。

成木村から江戸まで消石灰を運びましたが、その輸送専用の道を造ってしまったという話があります。その道が、現在の青梅街道です。

また、その後は下野国葛生《くずう》（今の栃木県佐野《さの》市）からも石灰石が産出され、野州《やしゅう》石灰と呼ばれました。これが発達した水運によって江戸に大量に入ってきたため、石灰相場が下落し、漆喰はたやすく手に入る材料になったのです。農民たちは肥料として石灰を田畑に撒《ま》くようになり、収穫量の改善につながりました。

家康が建てた江戸城の天守閣は、三階（三層）建てでした。しかし、その後、五〇年ほどの間に二回にわたって再建されています。

問題は、最初の天守閣が白だったか、黒だったかです。

江戸城の築城以前に造られた天守閣としては、豊臣秀吉による大坂城の天守閣があります。これは黒であったことが史料で確認されています。現在の大阪城は、一九三一年（昭和六年）に鉄筋コンクリートで建造されたもので、当時の大坂城とは異なっています。

普通に考えれば、江戸城も大坂城と同じ黒だった、というのが自然ではあります。その一方で、家康の時代には漆喰の産地があり、漆喰を調達可能だったのだから、江戸城は白だったという説もあり、決着がつかないのです。

ですから、江戸城について特集した歴史雑誌をご覧になってみてください。再現した江戸城のイメージ写真は、白だったり黒だったりと雑誌によってさまざまです。

私が「白」と決めた理由

『家康、江戸を建てる』では、天守閣の色を決めなければなりませんでした。歴史の研究書であれば、白説と黒説の両方を挙《あ》げて説明すればいいわけですが、歴史小説ではそういうわけにはいきません。どちらかにしなければ、作品にならないのです。

結局、私がどちらにしたかと言えば、白でした。

江戸城が建つ直前の代表的な城が大坂城で、天守閣が黒色だったことはすでに述べたとおりです。そして、家康が江戸の町づくりを始めたとき、大坂の町を意識していたことは間違いありません。おそらく、大坂が兄で江戸が弟というくらいの意識だったと思います。経済面でも文化面でも大坂の精神に学んでいますから、お城についても同じだったことでしょう。

そこまで深読みしたうえで、家康は大坂への対抗心から天守閣を白にしたと私は考えました。白という色は、平和の象徴とも言える色です。この感覚は、当時の人たちにもある程度、共有されていたと思います。

江戸幕府を開いた時点で、戦争が終わる時代に入りました。戦乱の世は過去のものとなりつつあったのです。そうであれば、これからの新しい政治の姿を人々に見せるために、天守は平和の色であるほうがいいのではないか。逆に言えば、平和をデモンストレーションする、「もう戦争はさせない」「俺《わし》に向かってきても勝てないぞ」とアピールする意味もあったのではないか。

そういう意味合いから、家康は天守を白にしたと私は考え、小説を書いたのです。

白を平和の象徴と考える発想は、ひょっとしたら西洋的なアイデアかもしれないと思うことがあります。『旧約聖書』では、大洪水の後、生き残ったノアの方舟《はこぶね》の生き物たちのうち、最初に飛ぶのが白い鳩でした。

白は、何ものにも染まっていない色です。もっと踏み込んで言えば、血に染まっていない色なのです。だから、平和と結びつけて考えるわけですが、もしかしたら近代人としての私の色彩観念の投影かもしれません。

テレビの時代劇では、漆喰といえば白壁と相場が決まっていますが、実際には漆喰は白だけでなく、バリエーションがありました。着色料を混ぜて黄色くした漆喰もあったのです。だから、いろいろ色があるなかで積極的に白を選んだのは、それなりの理由があったからだと考えることは許されるのではないでしょうか。

私が作家の想像力をもとに唱えた天守・白説について、奈良大学の千田教授は近刊の共著『江戸始図でわかった「江戸城」の真実』(宝島社新書)で次のように記しています。

慶長期江戸城は、石垣が大胆に取り入れられ、屋根には鉛瓦《なまりがわら》を葺《ふ》き、壁面は白漆喰の総塗籠《そうぬりごめ》という、真っ白な姿でした。（中略）家康の精神性がそこには顕《あらわ》れているように思います。白い天守の意味は、作家の門井慶喜氏が『家康、江戸を建てる』（祥伝社、２０１６年）で綿密に追求しておられ、史料だけでは読み取れない家康の意志を読み解いて迫力があります。慶長期江戸城の大天守は、美しく、そして巨大で、まるで富士山のようなとても威厳のある姿だったのです。

（P41～P42）

いろいろと史料を検討されていった結果、千田教授が同じ結論に達したということであれば、非常に嬉しいことです。

千田教授の研究によって、江戸城の天守閣が単立ではなく連立であったことが明らかになりました。「連立天守」という用語は国史大辞典にありませんから、最近の言葉です。

私たちは、天守閣は単立だと思い込んでいた嫌《きら》いがあります。白鷺《しらさぎ》城という異名を持つ姫路城についても、もともとは連立天守ですが、今ある姿が単立に見えるので単立だと思い込んできたのです。研究の進展によっては、今後、連立天守が常識になるのかもしれません。

「オール讀物」での対談で私が提起し、千田教授にも「おそらく、そうだろう」と同意していただいたのが、天守の数え方についての分析です。

天守閣は一基、二基と数えますが、この「基」はもともと、お墓の数え方です。私たちはお墓というと墓石をイメージしますが、かつては木製の卒塔婆《そとば》でした。平安時代の終わりごろに中国から伝わったと言われますが、この卒塔婆というのは、塔を簡略化したものです。

つまり、塔もしくは塔の形をしたものについて一基、二基と数えたのです。ですから、京都の五重塔であっても、一基、二基と数えています。

そうであれば、墓→塔→塔のようなもの→天守というふうに連想されて、天守が一基、二基と数えられるようになったのではないかというのが私の説です。

この説について、千田教授は「考えもしなかった」とおっしゃっていました。私自身は、いい線を行っているのではないかと思っていますので、ここで紹介しておきます。

焼け落ちた天守閣の再建

以前から不思議で仕方がなかったのは、戦いのときに天守閣が何の役に立つのかという点でした。

この点について、私は『家康、江戸を建てる』のなかで、家康と息子の秀忠《ひでただ》との論争として疑問を呈しています。

秀忠は「天守とは櫓《やぐら》ですか」と家康に問いました。

「いかにも」

家康は大きくうなずいて、

「この世でいちばん高い櫓じゃ」

「しかしその高い櫓、実際のいくさに役立ちますか。役立つのはむしろ濠ぞいや、曲輪《くるわ》のすみや、門の上といった要所要所にもうけられる櫓のほうではありませんか。そこから矢や鉄砲を射《い》かければ、敵の侵入をすばやく、じかに、防ぐことができるからです。天守は前線には遠すぎ、悪目立《わるめだ》ちしすぎる」

「櫓というのは、矢や鉄砲を射るのみではない。見張りという役目もある」

と、なおも家康は反論する。秀忠はこくこくとうなずいて、

「なるほど、見はらしは大変よろしい。遠目がきく。しかしそれなら、やはり自然の山にはかなわぬのです」

「天守には、威厳を示すという役目もある。領民をひれ伏させることもできるし、軍事的にも、それはそれで一種の防衛設備《まもりがため》じゃ。りっぱな天守に対しては、敵は士気を殺《そ》がれるであろう」

「かえって鼓舞《こぶ》されるやもしれませぬ」

（『家康、江戸を建てる』Ｐ342～Ｐ343）

天守閣は城のど真ん中にあり、かつ一番高さのある建物です。ということは、いの一番に狙われる攻撃対象になってしまいます。戦国時代には、すでに射程が三〇〇メートルを超える大砲があったので、「ここに撃ってください」と言っているようなものです。

私と同じ疑問を持っている歴史学者も多く、天守閣は戦闘上、意味がなかったと主張する人がいます。その一方で、実際の戦闘に際して案外、役に立つこともあったと主張する人もいて、歴史学者の見解はふたつに分かれているようです。

天守閣が無意味だと考えたのは、現代の歴史学者だけではありません。家康の直系の孫にあたる会津藩主の保科正之《ほしなまさゆき》もそう考えたようです。彼は秀忠が側室《そくしつ》に産《う》ませた子で、家光から見れば母違いの弟ですが、四代将軍・家綱の後見人として幕府の要職にありました。

一六五七年（明暦三年）に起きた明暦の大火で、江戸城の天守閣が焼け落ちました。それまでに一六二三年（元和《げんな》九年）、一六三八年（寛永《かんえい》十五年）と、二度にわたって建て直していますから、再建するならば三度目ということになります。そのとき、保科正之は「天守の再建は必要ない」と主張したのです。

家康のときには、戦国時代が終わったことを人々に示すために、平和の象徴として天守閣を造る意味がありました。しかし、徳川幕府が始まって半世紀が経《た》ち、平和な時代が定着していました。戦国の世ははるか遠くに過ぎ去り、江戸城に向かって大砲を撃つような事態は起こらない太平の世が到来していたのです。

それなら、天守閣はもうなくてもいいのではないか。天守閣を造るのを止《や》めて、そのお金を火事で焼け出され、生活に困っている人たちのために使ったほうがいい。保科正之はそう考えたのだと思います。

それに対して、「いやいや、徳川の威厳を保つために天守閣を再建すべきだ」と頑固に主張する幕臣もいました。激しい議論が交《か》わされましたが、最終的には保科正之の提案に従ったということです。

こうして、天守閣の再建が放棄された時点で、江戸の平和は定着しました。あるい

幻の再建計画図

江戸御城御殿守横面之絵図

江戸御城御殿守正面之絵図

明暦の大火で焼け落ちた江戸城の天守閣は、天守台だけが造営され、その後再建されることはなかった。この絵図は1712年(正徳２年)に作成された再建計画案と考えられ、正面と横面の対になっている。提案者のひとりには新井白石もいるという。

石垣の上に５層５階、最上階の屋根には鯱鉾が見える。壁は銅板黒塗りだが、これは防火対策かと思われる

(東京都立中央図書館所蔵)

は、江戸時代の財政、すなわち幕府の経済政策がこのときから本格的に始まったと言ってもよいと思います。

そして、明暦の大火から一八六七年に徳川慶喜《よしのぶ》が大政《たいせい》を奉還《ほうかん》するまで二〇〇年余りの間、天守閣を再建しようというプランは出てきませんでした。そのプランが出てきたのは、第二次世界大戦後のことです。

それは平和と威厳の象徴

日本の城で最初に天守閣が築かれたのは、織田信長の安土《あづち》城です。天守閣を造ったのがこの信長だけであれば、変人説でも済むでしょうが、その後も続けて戦国大名たちが天守閣を造っています。それはなぜだったのか。

戦国時代も後期になると、戦闘能力を城のどこに集めるかというときに、城の真ん中にはしませんでした。外から敵が攻めてくるのだから、当然ながら城壁沿いに集めたわけです。

一般に、城壁で囲まれたエリアを城郭、もしくは総構《そうがま》えと言いますが、城主の居館がある本丸を中心とすると、城郭の外側に向かうにしたがって上級家臣の御殿、家臣やその家族が住む屋敷と配置し、一番外側に実戦で兵力となる従者の長屋を置きました。いざというときにすぐに対応できるように、周辺防御を固めたのです。

この基本構造は戦国時代から江戸時代になっても、ずっとそうでした。

全国の大名は一年おきに江戸に住む参勤交代《さんきんこうたい》を義務づけられていたので、江戸詰《づ》めの邸宅を持っていました。「江戸屋敷」とか「藩邸」と呼ばれるものです。天下の徳川家のお膝元ですから、戦争など起こるわけはないのですが、どの藩邸も、いざというときに備えて周辺防御の発想で造られていたのです。

つまり城郭の基本構造と同じで、藩邸では用地の塀《へい》沿いに下級武士たちの長屋を造り、真ん中に殿様が住んでいました。平和な時代になっても、周辺防御の発想は変わらなかったのです。

ですから、道幅の狭い通りを隔《へだ》てて、向かい側に別の藩の藩邸があるというようなケースがあちこちにありました。その結果、お互いの暮らしぶりが塀越しに垣間《かいま》見られるという、おかしな事態も起こりえます。しかも、それぞれの方言で話しているので、場合によっては何を言っているかすら理解できないこともあったに違いありません。

話を天守閣に戻すと、なぜ江戸城に天守閣を造ったのか。それは一種の平和の象徴だったから、というのが私の答えです。

焼失前の江戸城天守閣は、地上五八・六メートルの高さがあったとする記録が残っています。江戸のどこにいても、聳《そび》え立つ天守閣が見えました。だから「あそこに将軍様がいる」とわかったのです。いわば平和の時代に、将軍の威厳を示すために天守閣を造ったのではないか。江戸城とは、そういう点から見ると徹頭徹尾《てっとうてつび》、平和の城でありました。

天守閣は、今で言えば、県庁や市役所のような存在に近いと私は考えています。県庁や市役所の庁舎は、天守閣ほど高い建物ではなくても（なかには立派でタワー状の庁舎もありますが）、その地域の住民たちの中心にあり、「○○市本町一丁目一番地」のような住所を割り当てられています。たくさんの人が集まって、そこで行政の仕事が行なわれています。だから、県庁や市役所は平和の象徴であり、かつての天守閣に変わるものなのだろうと思っているわけです。

江戸のインフラを整備する

征夷大将軍になり、江戸幕府を開いた家康は、全国の大名の主君となったため、天下普請《てんかぶしん》として江戸の町づくりを行なうことができました。

天下普請というのは、全国の大名を動員し、割り当てを決めて、競争意識を煽《あお》りつつ大規模な工事に従事させることです。将軍への奉公として、「この仕事は細川《ほそかわ》」「あの仕事は伊達《だて》」というふうに、全国の大名に仕事を割り当て、江戸城や石垣、堀の建設をはじめとする都市のインフラ整備を命じたのです。

基本的に、徳川家は資金を出しませんでした。大名たちに莫大《ばくだい》な資金と労力を負担させることによって、その力を減殺《げんさい》するのも狙いのひとつだったからです。

参勤交代の制度を定めたのは三代将軍・家光ですが、これも天下普請で大名にお金を使わせる政策のひとつでした。

参勤交代で、一年おきに江戸で暮らすことを命じられた大名たちは、将軍から与えられた土地を造成し、屋敷を建てました。このため、江戸八百八町《はっぴゃくやちょう》の町づくりは一気に進むことになります。

各藩邸は、お正月には門松《かどまつ》の大きさを競ったそうです。たとえば土佐《とさ》藩では門松にみかんを飾るなど、各藩が特色を出していました。その工夫を見て回って楽しんだ人たちも少なくなかったようです。平和な世の中にするためには、一見くだらないことで競わせることも必要なのです。

東京大学史料編纂所の山本博文《やまもとひろふみ》教授によると、建設に従事した人たちは朝早くから日没まで一日中、働きづめで、報酬は「一日につき飯米《はんまい》○合」というように、主に米でもらっていたということです。必要な物は、その米を換金して買っていたのです。

こうして、家光のころまでには、江戸は城下町としての姿を整えました。そして、十七世紀を通して発展を遂げ、十八世紀に入る一七〇〇年前後には人口が一〇〇万人に達しています。これは、イギリスのロンドンやフランスのパリに負けない世界有数の大都市になったことを意味しています。

東北大学東北アジア研究センターの平川新《ひらかわあらた》客員教授は、「秀吉は軍隊の一元的編成によって外征、つまり朝鮮出兵を実現した」と主張しています。

それまでの日本は、戦国大名がそれぞれ軍隊を持って戦っていました。しかし、豊臣秀吉が天下統一を成し遂げたことにより、日本は強大な軍事国家となり、諸大名の軍隊を一元的に管理することができるようになったというわけです。

私はその解説を聞いて、目から鱗《うろこ》が落ちる思いがしました。というのも、家康は秀吉がつくりあげた軍隊の一元的編成によって、内政、つまり国内的な開発も行なったのだと閃《ひらめ》いたからです。つまり、諸大名の力を結集して、江戸の町づくりに取り組むことができたのです。

石を切り出す

『家康、江戸を建てる』の第四章「石垣を積む」は、ほぼ全編、作家の想像力で書いたフィクションです。伊豆国《いず》（今の静岡県賀茂《かも》郡東伊豆町）で切り出した巨大な岩を船に載せて江戸に運び込み、江戸城の石垣に使ったという話です。

主人公で石切りの親方である吾平《ごへい》は、山肌に露出した岩をこっちから見て、あっちから見て、「こう切り出せば、いい石垣になる」というふうに石の節理を読み取る透視能力のような力を持っています。そこで私は作中、彼に「見えすき吾平」の異名を持たせました。

穴の底の土は、まったいらである。

吾平は中腰になり、石をにらんだ。眼をぎょろぎょろと上下にうごかし、左右にうごかし、横へ足をふみだして石のまわりを歩きはじめる。

体はあくまでも石そのものに正対したまま、蟹《かに》のように、五周、六周。顔もゆで蟹のようにまっ赤になっていて、あたかも石を、

——のろい殺す。

と言わんばかりの形相《ぎょうそう》だった。ときどき立ちどまってゲンノウをかざし、こん

こんと石をたたいて耳をつけるのは、内部の反響を聞いているのだった。
手下どもは、地上からかたずをのんで見おろしている。
しわぶきひとつする者はなかった。吾平はやがて、日光のあたらぬ北側へまわり、
「ここだ」
目の高さよりも少し下、のどもとの高さの石肌にトンと人さし指を立てた。
（『家康、江戸を建てる』P240～P241）

吾平が石の節理を見定めると、墨師《すみし》が墨汁《ぼくじゅう》のしみた糸を当て、鑿《のみ》を玄翁《げんのう》で叩いて、矢穴《やあな》と呼ばれる長方形の穴を一尺（約三〇センチ）おきに開けていきます。そこに楔《くさび》の先を滑《すべ》り込ませ、玄翁で強く打っていくと、ある瞬間、割れ筋に亀裂が入り、巨石が割れるというわけです。切り出した巨石は船で江戸城まで運び込まれました。
江戸城では、内濠と外濠の総延長、約五里《り》（二〇キロ）がすべて石垣で固められたので、一〇万個を超える巨石が使われました。

その九割以上は、伊豆産の石だったといいます。この石の切り出しには加賀藩の前《まえ》田利常《だとしつね》や肥後《ひご》熊本《くまもと》藩の加藤清正《かとうきよまさ》ら三〇人ほどの大名が割り当てられ、伊豆国には二万人以上の人足たちが集まって、大規模な採石作業が進められました。

この石垣を積み上げる江戸城の現場にも、吾平と同じような力を持つ石積みの親方がいました。「切り出した石をこういうふうに積めば、隙間《すきま》なく重心的にも安定する」という石垣の積み方を見通してしまう現場監督です。こちらも、やはり人間の持つ超絶した能力と言えるでしょう。

ひょっとしたら、私たちが石垣などの建築物について、近現代よりも前近代や近世のものに憧《あこが》れるのは、そういう人間の能力が垣間見られるからかもしれません。

石垣の美を考える

二〇一八年夏、私は宮城県仙台市の青葉《あおば》城を訪ねました。青葉山の上に立つ、きわめてスケールの大きい山城《やまじろ》です。本丸のところが公園になっていて、有名な伊達政宗《まさむね》の像が立っています。

青葉山自体が大きいので、麓《ふもと》から公園まで車で上がって行くだけでも、五分以上もかかります。あまりに大きすぎて使い勝手が悪いので、伊達政宗が亡くなった後は、本丸よりも麓に近い二の丸を正式な藩庁にしたほどです。ということは、石垣の総距離も半端《はんぱ》なく長いわけです。

この青葉城の石垣に積まれた切石は、電動カッターで切ったかのような綺麗《きれい》なものでした。四角形や五角形、六角形の切石が、まさしく綺麗にならされた平面を外側に向けて、ピッタリと連なっています。幾何《きか》学的にも整然としていて、ある意味で近代的なのです。

技術的には成熟したつくりになっているのですが、この石垣を見たとき、私は正直なところ、少しがっかりしました。それは、私たちの持っている石垣観と違っていたからです。

私自身が美しいと思うのは、江戸城や大坂城の石垣です。とくに、竹橋《たけばし》（江戸城の北側に位置。今の東京都千代田区一ツ橋）から見たときの江戸城の石垣は、日本で一番美しいと思っています。整いすぎているものより、少し破れがあるぐらいが、美観としてはちょうどいいのです。

大坂城より前に造られた石垣となると、今度は非常に素朴なものになります。たとえば、近江国（今の滋賀県）の穴太衆《あのうしゅう》という技術集団が造った石垣は、大きな卵型の石をゴンゴン積んだものです。切石の組み方が甘く、あちこちに隙間ができてしまっています。

このような素朴すぎる石垣も、青葉城のように技術的に成熟しすぎた石垣も、私にとってはどちらも物足りないのです。その中間にあるのが大坂城であり、江戸城の石垣です。なお現在、私たちが目にする大阪城の石垣は、豊臣秀吉の築城によるものではありません。大坂の陣で破却した石垣の上に、江戸時代になって徳川家が造ったものです。

なぜ、物足りないと感じるのか。それはおそらく、石垣の石を綺麗に切りすぎてしまうと、前述した人間の超絶的な能力を感じられなくなるからではないでしょうか。

ちなみに、石垣づくりは各大名が割り当てられた場所を担当しましたが、その際に

発掘された江戸城の石垣には……

文部科学省の庁舎建替え工事で地中から発見された、江戸城外濠の石垣(上)。そこには豊後佐伯藩毛利家を示す「矢羽根」を刻印した石が含まれていた(下)　写真／時事

綿密に帳簿をつけていました。石垣に積む石に一番、二番と番号を振り、家紋も記されました。どこからどこの部分に何番の石を積んだかを、詳細に記録していたようです。

なかには、切れなかった石や、切る時点で失敗した石もありました。こうした石を「残念石」と呼んだのですが、残念石はその大名の家紋を残したまま、河原に捨てるなど処分をしたといいます。

家康の死――町の賑《にぎ》わいを見ずに

上下水道が整備され、宅地が造成されて、江戸城と江戸の町も形を成していきました。一六一五年に大坂の陣が豊臣家の滅亡で終わると、戦争もなくなり、江戸にはたくさんの人たちが住みつくようになりました。

商人たちが増えて経済が活性化するにつれて、私たちが時代劇を見て思い描くような江戸の町、つまり武士だけでなく町人や職人、僧侶や子どもらで賑《にぎ》わう江戸の町に近づいていったのです。

家康はそういう江戸の賑わいを見ないまま、一六一六年（元和二年）に駿府で亡くなりました。

それは、本人にとって非常に残念なことであったと、私は家康の心中に思いを馳《は》せます。ただ、江戸に初めて来たとき、すでに四八歳だったので、家康は自分が生きている間に江戸の町が完成するとは思っていなかったのではないでしょうか。

家康は、戦乱に明け暮れる前半生を送った後、征夷大将軍にまで上り詰めました。ところが、一六〇三年に江戸幕府を開くと、発想をスパッと切り替えて、平和の時代を前提とした大事業を次々に展開してゆくようになります。

それは、前半生を戦いに費《つい》やした武将としては、必ずしも当たり前とは言い難《がた》いことです。にもかかわらず、戦争から平和への切り替えを見事にやってのけた徳川家康という将軍に対し、私は感動し、かつ尊敬もするのです。

講演をしたときの質問で、「江戸時代にノーベル平和賞があったら、徳川家康は受賞したと思うか」というのがありました。

その発想の意外さに驚きましたが、私は客観的に判定して「家康は、ノーベル平和賞を取ることはない」と思ったものです。

ただし、私は作家なので、想像力を働かせて物語をつくり出すことを職業的に許されています。その想像力を使って、仮に家康がノーベル平和賞を受賞する理由を考えてみると、やはり戦国時代に終止符を打ち、江戸時代二六〇年にわたって平和な世のなかを維持したことと言えるのではないか。

ノーベル平和賞の受賞者を見てみると、必ずしも一〇〇パーセント平和や人類の福祉に貢献した人ばかりではなく、戦争を指揮した人も含まれています。そもそも、ノーベル賞を創設したアルフレッド・ノーベル自身がダイナマイトを発明した人物です。ダイナマイトによってどれだけの人間が死んだかわかりませんが、途方もない数に上るでしょう。

そこまで深読みをするならば、家康がノーベル平和賞を受賞する目はあったと言えるかもしれません。

今につなぐ家康のメッセージ

家康が亡くなった時点で、江戸の町づくりはまだまだ道半《なか》ばでした。しかし、家康に悔いはなかったと思います。完成した江戸の町を見届けたいという気持ちは持っていなかったのではないでしょうか。

家康は将軍職を秀忠に譲って以後、駿府城に居を定め、大御所《おおごしょ》様として天下を睨《にら》んでいました。

二代将軍・秀忠に早めに家督《かとく》を譲ったことについては、徳川家が天下を支配することを人々に示し、徳川家の累代《るいだい》の支配を確実にするための策だったと言われますが、私はもうひとつの側面に注目します。

それは「徳川家は嫡子《ちゃくし》に家督を継がせる」というメッセージです。これが、非常に大きかったと思うのです。

家康の場合、長男の信康《のぶやす》は、いわば信長に殺されるような形で亡くなり、次男の秀《ひで》康《やす》は婿《むこ》養子として結城《ゆうき》家に入りました。したがって、三男の秀忠が家督を継いだわけですが、それは事実上の長男として相続したのです。

将軍自身の兄弟が跡を継ぐことはもとより、子どもたちのなかで優秀な者に継がせることも罷《まか》りならんということを、家康は徳川家のみならず、諸藩の大名や旗本《はたもと》らにも示したと理解してよいと思います。

この長男主義は、内紛を避けるための策でした。

室町時代から戦国時代にかけて、日本が混乱を続けたのは足利将軍家をはじめ、大名家のお家騒動によるものでした。

一四六七年（応仁《おうにん》元年）の応仁の乱が、いい例です。細川家や斯波《しば》家など大名家内で、頭領の弟と長男や、長男の兄弟たちの間で誰が実権を握るかをめぐって、醜《みにく》い争いを繰り広げていました。そこに大名たちの勢力争いなどが複雑に絡《から》まって、京の町を焼け野原にしてしまったのが応仁の乱です。

言い換えれば、実力主義が京都を滅ぼしたのです。

こうした混乱に終止符を打つため、家康は「長男が家督を継ぐべし」という非常に強烈なメッセージを発したのでした。家督争いを防ぐことは、下克上を防ぎ、大名同士の争いを防ぎ、結果的に戦争を起こさないことを意味します。

それも、一回だけではありません。秀忠が将軍職を家光に譲るときに、もう一回、同じメッセージを出しています。

この家光の家督相続についてのエピソードは有名です。秀忠の長男が家光ですが、その弟に国松《くにまつ》がいて、国松のほうが賢く、秀《ひい》でていました。

江戸城内にはまだ実力主義の気風が残っていましたから、国松を待望する大名も多かったようです。そうしたなかで、家光の乳母である春日局《かすがのつぼね》が駿府城に出向き、家康に「ちょっと、おじいさん。何とかしてくださいよ」と直訴《じきそ》しました。それで家康が動いて、「三代将軍は家光」と釘《くぎ》を刺したのです。

つまり、二代目も三代目も、実質的には家康が決めた。しかも、いわば機械的に長男が継ぐことを、身をもって示したわけです。

このメッセージを受けて、全国の大名たちも長男相続を原則にしました。ただ、すぐにパッと従えない藩も多く、しばらくの間はお家騒動が頻発します。諸藩で内紛が起こると、幕府が乗り出して改易《かいえき》処分にしたり、場合によってはお取り潰《つぶ》しにしたりしました。

江戸幕府が開設されて最初の五〇年間ほどは、全国の大名お取り潰しの時代だったと言ってもいいぐらい、集中的にお取り潰しが行なわれたのです。

これは、実力主義からルール主義への大きな転換でした。そうでないと、徳川家自体が持たないだけでなく、平和な時代が持続しないと家康は考えたのです。

このように家康の心中を推《お》し量《はか》るならば、江戸の町づくりについても、ある時点で身を引いたほうが得策だと家康は判断したと私は推測します。自分が居座《いすわ》るよりは、これからは秀忠の時代である、その次は家光の時代であるということを、世間に印象づけるほうがいいと家康は考えたはずです。

江戸の町づくりについても、自らが引退することによって、自らの考えをむしろ積極的に示したのです。

もちろん大坂の陣が終わって豊臣家という最大の敵が滅びたことも大きかったと思いますが、徳川家をはじめ、江戸城や江戸の町、ひいては日本を後代に託すことが家康の眼目だったのではないでしょうか。

その家康の決意の延長線上に、今の東京があり、日本があり、私たちの暮らしがある。そのことを、私たちは忘れてはいけないと思うのです。

第五章

首都は生き続ける

江戸は人工的な町

江戸時代を振り返るとき、よく人間と自然が共生していたとか、江戸は緑豊かな町だったとか言う人がいますが、私はまったく違うイメージを持っています。

江戸ほど、人工的な町はないからです。

利根川という大河川を曲げたうえに、湿地帯を埋め立てて土地を造成し、町をつくりました。飲み水は遠方から江戸まで堀を建設し、上水を引いて調達しました。食糧は日本海側の諸国や西日本、上方《かみがた》から船で運び込みました。そうすることで、一〇〇万人もの人が住めるようになったのです。

そんな人工的な大都市が、自然と共生していたはずがないではありませんか。

しかし、人工的だから悪いと言っているわけではありません。当時の最先端の技術を駆使して、人々が最大の福祉を得られるようにつくり上げられた都市であるから、私は江戸を誇りに思ってよいと考えるひとりです。

日本の歴史で近代というと、一八六八年の明治維新以後と思いがちですが、私は徳川家康が江戸幕府を開いた時点で、すでに日本の近代は到来していたと考えています。

「江戸時代において人間と自然は共生していたが、明治以後、人間と自然が対立するようになった」という言説がまことしやかに流布されていますが、私に言わせれば、とんでもない話です。人間と自然が共生していたら、江戸という巨大都市は一〇〇年経《た》ってもできなかったでしょう。

これは大阪や名古屋、山口県の萩、京都府の舞鶴《まいづる》など、デルタ地帯や湾内の土地につくられた都市に共通して言えることです。

こうした都市が人工的である証《あかし》のひとつが、碁盤の目のように整備された町並みです。大阪が典型的ですが、陸地でなかったところを埋め立て、土地を造成してゼロから都市をつくるので、まっすぐ直線状の道が碁盤の目を描くのです。

また、江戸時代初期には伏見城にいた家康が江戸城の築城や町づくりについて、細かい指示を出していたことはすでに述べたとおりです。それは当時、それだけの官僚的な組織というか、人的システムができていたことを示しています。

つまり、江戸時代は、人間が自然をコントロールできるようになったと同時に、人間が人間をコントロールできるようにもなった時代の始まりと言えるのではないでしょうか。

戦争の技術か、平和のための技術か

江戸の町を築いたのは、平和の時代を前提にしたインフラづくりの技術でしたが、それを支えていたのは、実は戦争の時代の技術でした。

前述したように、甲斐国の信玄堤などは武田家が戦うために開発した戦争の技術です。武田の騎馬軍団を整え、家臣を養《やしな》うためには、生産力を高め、米の収穫高を増やさなければなりません。そのためには水田をたくさん開墾《かいこん》し、用水路を張りめぐらして水を供給する必要がありました。ですから、川筋をまとめ、川が氾濫しないように防波堤を築かなければならなかったのです。

しかし、江戸の町をつくるとき、こうした築堤の技術は戦争のためではなく、平和な世の中を前提とした技術に変わっていました。

今、私たちが当たり前のように使うインターネットは、もともと軍事目的で開発された技術だとする説があります。核攻撃を受けても遮断《しゃだん》されない通信ネットワークの研究から、インターネットが生まれたというのです。ただし、この説は、どうも都市伝説の類《たぐい》だったようで、専門家は否定しています。

もともと技術というものは、「戦争の技術」とか「平和の技術」とかに分けられないものかもしれません。ただ「役に立つ技術」と「役に立たない技術」があるだけではないかと思うのです。

そうであれば、戦争の時代に発達した技術でも、平和の時代にさらに発展させることができるのではないでしょうか。その結果、江戸という寒村は、開府一〇〇年後に一〇〇万人が、四〇〇年後には一〇〇〇万人が住める大都市へと変貌していったのです。これは、世界史的に見ても奇跡としか言いようがないことでした。

そういった力のある技術は、私たちが知らないだけで、二十一世紀の日本にもたくさんあると思います。私たちはそういう技術をより発展させることで、新たな時代を切り開いていかねばならないし、切り開いていけると思っているところです。

いずれにしても江戸の町づくりでは、戦争のための技術が平和のための技術として使われるようになったわけですが、前半生を戦争に明け暮れた家康自身が平和主義者に変身したかというと、そこは疑問が残ります。大坂の陣では一旦、平和的に和睦《わぼく》を結んで大坂城の外堀や内堀を埋め立ててから、ふたたび戦争に持ち込み、豊臣家を滅ぼしています。

また、前述した奈良大学の千田教授によると、江戸城は連立の天守閣や、五連続枡《ます》形《がた》と呼ばれる防御にも反撃にも強い出入り口を備えた最強の軍事要塞だったとのことですから、家康がガラリと平和主義者になったとは、やはり言い難いと思います。

なぜ旧市街が存在しないのか

家康が描いた江戸城の縄張りのなかでも、自然の河川を利用して内濠・外濠をつくったことは、大ファインプレーでした。四国の今治城の場合、お堀に海水を引いたことは第二章で前述しましたが、自然の河川や海水を使ったお堀というのは、それほど例がありません。

このように自然の河川を利用したために、江戸の町は大坂ほど整った碁盤の目にはならず、地図のうえではわかりづらい都市になったのです。

その一方で、自然の河川を利用して堀にしたことに代表される自由さが、江戸の町が外に広がることを妨《さまた》げず、江戸は非常に可塑《かそ》性の高い町になったのです。それが結果的に、江戸を巨大都市へと発展させる端緒《たんしょ》になりました。

江戸については、「本郷《ほんごう》も　かねやすまでは　江戸の内《うち》」という川柳《せんりゅう》がありますが、どこからどこまでが「江戸の内」なのか、その範囲を定める基準は非常に曖昧《あいまい》でした。外濠までが江戸であり、それより外側は江戸ではないと区切ることもできたはずです。しかし、そういう基準も存在しません。

ちなみに川柳にある「かねやす」とは、現在の本郷三丁目交差点で営業していた小間物屋さん（二〇一七年に閉店）のことで、享保《きょうほう》年間に売り出した歯磨き粉で大儲けしたという逸話が残っています。大きな蔵を建て、その蔵が目立ったことから「江戸の内」の目印になっていたのでしょうか。

もうひとつ面白いのは、江戸にはいわゆる「旧市街」という言い方がなかったことです。

ウィーン（オーストリア）、アムステルダム（オランダ）、ベルン（スイス）、ロンドン（イギリス）、パリ（フランス）、エジンバラ（スコットランド）……ヨーロッパの名だたる都市では、だいたい旧市街と新市街が分かれています。中世に城壁で囲まれていたことも大きな要因ですが、旧市街とは別の場所に新しい町が展開したのです。

もし江戸時代に旧市街という言葉の日本語訳があったならば、おそらく「元町《もとまち》」という言い方になっていたでしょう。神戸や横浜に元町があるのに対して、江戸には元町もありませんでした。これは、江戸がいかに伸縮性・可塑性に富んでいたかということの現われではないでしょうか。

私は作家という職業柄、地図を丹念に見ますが、〇〇〇という地名がないということに着目すると、その都市の性格をギュギュッと摑《つか》めるときがあります。「ないものを見る」のは、物事の本質を捉える近道です。

江戸の範囲——朱引と墨引

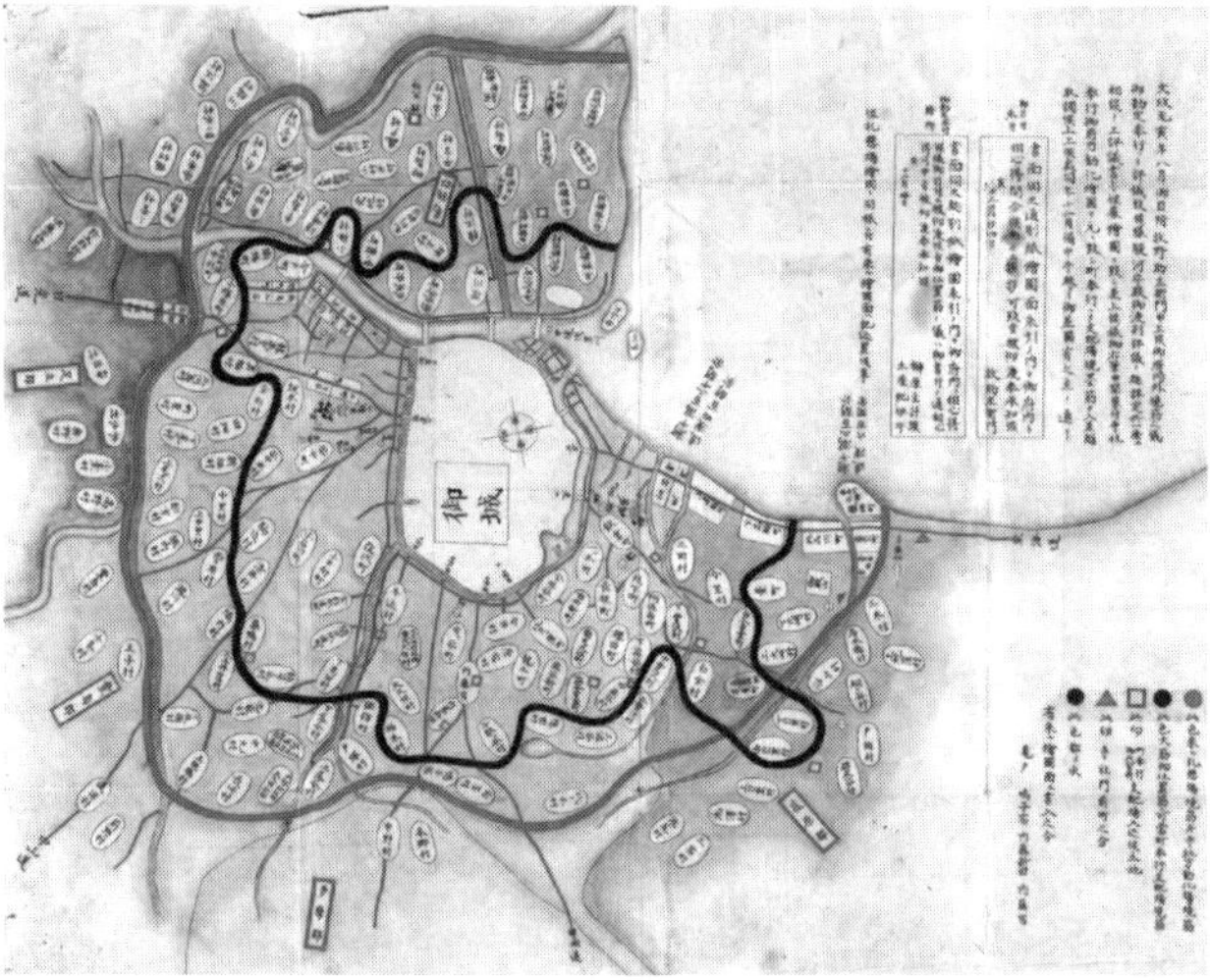

旧江戸朱引内図（東京都公文書館蔵）

1818年（文政元年）、幕府は評議を経て江戸の範囲を「御府内」として定めた。

朱色の線内（朱引。上図では外側の線）を勘定奉行、黒色（墨引）は町奉行が管轄する。

上図は明治以降に作成された写図で、江戸幕府での評議の一部が右上部分に書き込まれているどこまでが江戸かという話では、一八一八年（文政元年《ぶんせい》）に幕府によって御府内《ごふない》、つまり江戸の範囲が公式に定められました。

御府内には朱引《しゆびき》と墨引《すみびき》があり、朱引は勘定奉行《かんじようぶぎよう》などが管轄する行政区域で、北は荒川、南は品川、東は中川、西は神田上水が区切りになっています。もうひとつの墨引は、朱引を定める前から決められていた町奉行の管轄する行政区域で、朱引よりも一回り小さいエリアになっています。

この線引きを見ると、江戸が非常に広大なエリアであったことがわかります。逆に言えば、行政でエリアを決めなければならないほど、江戸が発展拡大したということでしょう。

大江戸八百八町と呼ばれた町の数で言うと、一六四〇年ごろに約三〇〇町だったのが、明暦の大火後の大規模開発によって六〇〇を数えるほどに増え、一七二〇年（享保五年）ごろには九〇〇町を超えるまでに膨《ふく》れ上がっています。

ただし、この区分は年貢米の徴収といった経済的な意味でなされたものではないですから、町人や農民たちにとってはあまり意味がなかったと推測されます。

明暦の大火

三代将軍・家光のころ、冬になると江戸の人口が減るようになりました。というのも、冬は火災が多く発生して危険なので、家族を実家に帰らせる家が出たからです。江戸という町は、家康から四代将軍・家綱の時代まで半世紀かかって完成形がつくられたとよく言われますが、家綱が将軍だった一六五七年には、これまでたびたび述べてきた明暦の大火が起きています。

江戸は何度も火災に見舞われましたが、そのなかでも明暦の大火は最大の火災でした。この大火によって江戸市中の六割が焼失し、死者は一〇万人に達しました。大名や旗本の屋敷だけでも一二〇〇以上が灰になったといいます。

火元についてはいくつか説がありますが、本郷の本妙寺《ほんみようじ》（明治期に現在の豊島区巣鴨に移転）火元説がまことしやかに伝承され、小泉八雲《こいずみやくも》の小説にもなっています。

その伝承を要約すると、江戸で質屋を営む商家の娘が若くして病《やまい》で亡くなり、両親は娘が生前、大切にしていた振袖《ふりそで》の着物を棺《ひつぎ》にかけたのが発端です。遺品は本妙寺の

Image：東京都歴史文化財団イメージアーカイブ

寺男がもらい受けて転売されましたが、その振袖を買った娘がまた若くして病で亡くなり、ふたたび遺品として本妙寺に持ち込まれました。それを転売した三人目の娘も若くして病死し、三たび本妙寺に持ち込まれたため、さすがに業《ごう》の深いことを悟《さと》った寺の住職が、その振袖を寺で焼いて供養することにしたのです。

ところが、住職がお経を読みながら護《ご》摩《ま》の火のなかに振袖を放り込むと、燃え上がった振袖が突然の風に吹かれて舞い上がり、寺に火が燃え移りました。その炎が風に煽られて近くの家屋敷に広がり、ついには江戸の町を焼き尽くすこと

田代幸春「江戸火事図巻」(明暦の大火)東京都江戸東京博物館蔵

になったというわけです。

この伝承から、明暦の大火は「振袖火事」とも呼ばれるようになりました。

明暦の大火では、江戸城も天守閣を含む本丸と二の丸が焼けました。家綱は西の丸に避難し、城内は消火に当たる者や逃げまどう者でごった返したといいます。

なかでも、天守閣は大火で生じた火災旋風によって二層目の窓が開き、そこから吸い込まれた炎に包まれました。しかも、天守閣のあちこちに備えてあった鉄砲に使う火薬が燃え上がり、すさまじい爆発音とともに崩れ落ちたと言われています。

ただ、この明暦の大火が江戸時代最大だったということは、逆に言えば、これ以後の二〇〇年間にわたって、明暦の大火以上の火事は起きなかった、起こさずに対応できたということです。その意味では、江戸の防災都市としての危機管理は、必ずしも失敗ではなかったと言ってよいと思います。

明暦の大火をきっかけに、江戸の人たちが防災意識の面で賢くなっただけでなく、火除《ひよ》け地を各地に設けるなど、防災の都市づくりが進められました。

江戸城に隣接するエリアのなかにも火除け地になったところがあり、このエリアにあった大名屋敷は移転を命じられました。これは津波が襲来した後、防潮堤を再建して住民たちを高台に移す現代の発想に似ています。

大名たちが郊外に移っても問題ないということは、それだけ治安がよく、道も整備されていたことを示しています。

たとえば、加賀藩の前田家は藩主と家族が住む上屋敷が江戸城内に、家臣とその家族が住む下屋敷が本郷にありました。しかし、江戸城に隣接する上屋敷が移転を命じられたのに伴い、本郷の下屋敷を上屋敷にし、宿場町だった板橋《いたばし》に新たに下屋敷を造ったということです。

それにしても、本郷の上屋敷が一〇万余坪、板橋の下屋敷が二二万坪もあったといいますから、屋敷と言っても広大な所領でした。このうち本郷の下屋敷というのは今の東京大学の本郷キャンパスで、有名な赤門は前田家の門でした。

上野などに広小路《ひろこうじ》と呼ばれる場所がありますが、ここがかつて火除け地だったところです。季節ごとの風の向きや強さ、家屋の密集具合などから考えて、計画的に火除け地をつくったと思われます。

さらに面白いのは、江戸時代後期になると、レザノフのロシア船やペリーのアメリカ艦隊などが近海に出没し、戦争の足音が高鳴ってきました。そうすると、人々の意識はまた防災から戦争へと移るようになり、火除け地のなかには戦争に備えて馬場、つまり馬の調練場に変わったところがあります。

それから、江戸湾の一角を埋め立てて、外国艦隊に備えて大砲を据《す》える「お台場《だいば》」が造られたのです。江戸の町づくりを始めたときのように、労働者の賃金は高く、地方から単身者が集まりました。彼らは稼いだ金を飲酒や遊興に費やしたため、建設現場に隣接する品川の町はにわかに賑わいを見せたといいます。

人々の意識の転換期

明暦の大火では、江戸城の天守閣も焼け落ちましたが、再建されませんでした。その資金を復興に充《あ》てたと言われています。

天守閣を再建しないと決断したのは、前述したように将軍の補佐役をしていた保科正之です。

これは史実として確定していることなので、もちろん逆らうつもりはありません。ただし、私が想像するには、天守閣には雷が落ちやすいという経験則が老中《ろうじゅう》や大名たちの意識にあったのではないかという気がします。

つまり、天守閣を造ること自体が火災の原因になるということです。天守閣に雷が落ちて火災になれば、天守閣は高いですから消火が困難です。しかも、高いところから火の粉が風に吹かれて四方八方に散るわけですから、火災を広げる一因になることは間違いありません。そうであれば、天守閣を造らないことがある種の防災になるという理屈になるわけです。

実は、明暦の大火が起きた一六五七年に重要な意味があると、私は考えています。それは、大坂の陣が終わって四〇年後だからです。

当時は平均寿命が四〇歳の時代ですから、大きな戦争が終わって四〇年経《た》てば、戦争を知っている世代が、おおよそ死に絶える時期です。生き残っていても、きわめて高齢になっている。そういう時期になると、人々の意識は大きく変わるのではないでしょうか。

どう変わるかというと、人間が死ぬ理由として、戦争よりも災害のほうがより強く意識されるようになるということです。平和な時代が続けば、戦争に対する意識は薄まりますが、人間は必ず自分が死ぬ理由を意識しますから、人が大量死する地震や津波、火災などの災害を強く意識するのです。

江戸の場合には、高潮の来襲はまれです。台風の被害もそうはないでしょう。富士山の噴火も、一七〇七年に宝永《ほうえい》の大噴火があったものの、滅多に起きることではないでしょう。そうなると、防災の中心は地震と火事です。戦争を防ぐのではなく、災害を防ぐのが優先事項ですから、天守閣よりも火除け地という選択になったわけです。

もし、この仮説どおりであれば、平均寿命が八〇歳の現在、戦後七〇年を超えた今が同じような転換期と言えるかもしれません。

戦争と災害と

十七世紀半ば以後、日本は平和な時代が続きましたが、それから二〇〇年後の幕末になって黒船が来航するころから、人々の意識は防災ではなく、ふたたび戦争に向くようになります。

最終的には、薩摩《さつま》・長州《ちょうしゅう》を中心とした官軍と幕府軍との戦いが繰り広げられたのはご存知のとおりです。鳥羽伏見《とばふしみ》の戦いから、上野・寛永寺《かんえいじ》での戦い、そして戊辰《ぼしん》戦争へと内戦が続いた末に、一八六八年に明治新政府が誕生しました。

その半世紀後の大正時代、一九二三年には関東大震災が起こり、ふたたび人々の意識は戦争から防災へとシフトします。

しかし昭和になって、一九三一年の満州《まんしゅう》事変をきっかけに中国大陸での戦争が始まり、人々の意識はすぐに戦争へと引き戻されました。そして、一九三七年の日中戦争、一九四一年の太平洋戦争へと突き進んでいったのです。

こうして戦争と災害という視点で、幕末から終戦までの一〇〇年を見ると、人々の意識は戦争と防災の間を振り子のように揺れ動いてきたことがわかります。

ただ、起こるのは戦争であったり災害であったりしても、そこから立ち直る過程で使われたのは、どちらも同じ「復興」という言葉でした。

つまり、江戸を建てたのは家康でしたが、その後の四二〇年間、とくに幕末から終戦に至る時期は、復興の連続、建て直しの連続が江戸・東京の歴史だったと言えるでしょう。

その間、首都を移転するか否かが、何度も論議されました。幕末には大坂や京都も移転先として検討されています。関東大震災のときでも同じです。当時の雑誌記事を見ると、大阪移転について真剣な議論が交わされていることがわかります。

終戦後には議論する気力も失われたのか、課題に浮上しませんでしたが、首都移転について論議された回数は、ひょっとしたら東京が世界一かもしれません。

しかし、その都度、東京は建て直され、しぶとく復興・発展を続けてきたのです。

最近、「サステナブル」（持続可能な）という言葉が流布されるようになりました。「サステナブル・シティ」（持続可能都市）といった名詞句も目にします。しかし、私はこの言葉を都市に使うことについては疑問があります。

持続不可能になった時点で、その都市は滅びているわけですから、滅びていないということは、その都市が持続可能であるということです。環境論から言えば、また別でしょうが、都市論として持続可能か否かという議論をすることに、あまり意味があるとは思えません。

とはいえ、江戸・東京は家康が江戸幕府を開府してから四二〇年間にわたって、この国の首都として存続し、滅びなかったわけですから、それはそれですごいことだと改めて感心しているところです。

東京が家康の江戸から学べること――二〇二〇年に向けて

一九六四年に開催された東京オリンピックのとき、東京は大がかりな都市改造というか、都市再開発を行ないました。

現在は、二〇二〇年の東京オリンピックに向けて、競技場の整備を中心に再開発が進められています。しかし、一九六四年の時点と現在とでは、人々の意識が大きく違っています。

一九六四年当時は終戦から二〇年しか経っておらず、核兵器の開発競争が続く冷戦時代の真っただなかでした。ですから、人々の意識は戦争に向いていました。

しかし、現在は終戦から七〇年以上が経過する一方、二〇一一年に起きた東日本大震災から一〇年足らずで、人々の意識は圧倒的に防災に向いていると思います。

この意識の違いは、都市開発にも大きな違いをもたらすはずです。デザインも予算のつけ方も、まったく異なるでしょう。

防災意識の違いに関連して、最近ネットニュースを見ていてビックリしたのは、二

○一八年夏に大阪に震度六の地震が起きたのに続いて、西日本豪雨に見舞われた際、「大阪がこんなに大変なのに、東京のメディアはバラエティ番組をやっている」と怒っている人がいたことです。

災害が起きているときに、首相や閣僚たちが宴会をしているのに対して国民が怒るのは当然ですが、「地方で災害が起きているのだから、東京のメディアはバラエティ番組を中止すべきだ」という意見には賛同できません。もちろん、広島の被災地にボランティアとして駆けつける東京人もいるでしょうが、ほとんどの人は助けに行けません。できるのは、義捐金《ぎえんきん》を寄付することくらいでしょう。

逆に、東京や関東で豪雨災害が起きたとき、大阪のメディアが吉本《よしもと》のお笑い番組を放送していても、大阪の人たちは非難したりしないと思うのです。というのは、災害は基本的にローカルなニュースだからです。

ところが、東日本大震災や阪神淡路《はんしんあわじ》大震災のような広範囲の災害が起こると、その後に発生する災害がすべて地域を越えた広域災害のように見えてしまうのです。

その是非は別として、これは国民の防災意識が拡大しているひとつの証左《しょうさ》だと私は考えています。とくに、東日本大震災の発生以後、人々の防災意識は急速に進んだのではないでしょうか。

東日本大震災で小さなお子さんを亡くされた女性が、被災の様子やお子さんの死因について話す「語り部」の活動をずっと続けていると聞きました。その女性がおっしゃるには、一番の防災は「忘れないこと」なのだそうです。人の意識は、目には見えません。しかし、意識があって初めて人は行動に移ることができるのです。

このように現状を分析してみると、実は私たちは明暦の大火の後を生きた江戸時代の人たちと、同じような意識を持って生きているのではないかと思うのです。

なぜ巨大都市になったのか

江戸の人口は最盛期、一〇〇万人とも一三〇万人とも言われます。その当時、世界で最も多い人口を擁《よう》する大都市になったわけです。

この一〇〇万都市を可能にした要因はいろいろ考えられますが、本書の論旨からすると、やはり江戸城がお堀に自然河川を利用したことによって、内濠と外濠、外濠の内側と外側が曖昧になったことが大きく影響していると思います。

政治的な側面では、本丸と二の丸、三の丸はそれぞれの役割がはっきりしていますが、地理的な側面からは、単にお堀の対岸にある区画どうしに過ぎないとも言えるわけです。こうした家康のデザインが、結果的に江戸という町をきわめて可塑的で活性の高いものにし、それが巨大都市の形成につながったのではないでしょうか。

どれだけ人が流入して町が外側に広がっても、その広がったところまでが江戸になっていく。だからこそ、前述したように開府から二〇〇年も経って、幕府が江戸のエリアを規定することで町の膨張に歯止めをかけなければならなかったわけです。

もちろん、それだけ広大な面積があったのは確かですが、多くの人口を取り込むだけの要因があったというよりは、一〇〇万の人間を排除する要因のほうがなかったということかもしれません。

たとえば、仙台の青葉城は山の頂《いただき》に本丸があり、中腹をならして長い石垣で囲んで二の丸を造り、麓《ふもと》のさらに広い土地をならして三の丸を造りました。このように、江戸とはまったく異なるコンセプトで城と町がつくられていたので、ある程度は繁栄したものの、仙台が江戸のように発展することはありませんでした。

江戸の場合、江戸城の東側の低湿地や江戸湾の埋め立てが進められ、面積がさらに拡張したことも大きかったと思います。中央区の築地《つきじ》や月島《つきしま》の「つき」は、漢字は違いますが、語源は同じで「人工的に搗《つ》き固める」という意味です。ですから、埋め立てで造成された土地であることがわかります。

また、低湿地でベネチアに比せられるような細かい運河が張り巡らされ、水運が発達したことも発展の大きな要因でした。つまり、広大な埋め立て地を造成する一方で、たくさんの運河を残していて、そのバランスが絶妙だったと言えます。

そうした川や運河の大半は、今や暗渠になっています。それについて景観の観点から「潰すべきでなかった」と主張する論客も多いですが、明治維新以後、東京が水上交通から陸上交通へと大転換したわけですから、運河を暗渠としたのは仕方がないことだったと私は考えます。

もし景観を守ることを最重要にするのならば、陸上交通の発展を抑制する必要があるわけですから、東京に住む人たちは質素な暮らしに甘んじる覚悟をしなければならなかったのです。

外濠を再生する試み

東京の景観に関連して、外濠再生をめざす動きについて紹介したいと思います。

皇居のお堀の水があまりに汚いので、浄化・再生しようという取り組みはいくつか行なわれていますが、そのひとつが「外濠水辺再生協議会」の活動です。

外濠沿いに本社があるヤフーや前田建設、KADOKAWAなど一九社で立ち上げたものです。二〇一六年、ヤフーがオフィスを港区の六本木ミッドタウンから千代田区紀尾井《きおい》町の東京ガーデンテラス紀尾井町に移転した際、外濠の汚染ぶりに驚いたヤフーの宮坂学《みやさかまなぶ》社長（当時）の呼びかけで始まりました。

この外濠水辺再生協議会の主催で、二〇一七年七月にシンポジウム「江戸城　外濠と文化～江戸城の起源、外濠の歴史、現在と未来」が開催され、東京大学副学長の吉《よし》見俊哉《みしゅんや》教授や法政大学の陣内秀信《じんないひでのぶ》教授らが専門的な見地から講演しました。

このシンポジウムでは、KADOKAWAの角川歴彦《かどかわつぐひこ》会長から声をかけられて、私も「江戸の文明、水の文明」と題して講演し、パネルディスカッションに参加しています。

吉見教授は、神田や上野、東大のある本郷など都心北部を「東京文化資源区」としてつなぐ構想と試みについて紹介しました。一九六〇年代の東京は、一九六四年の東京オリンピックに向けて競技場や首都高速道路、新幹線などを整備し、「より速く、より高く、より強い」東京を目指した。しかし、二〇二〇年の東京オリンピックに向けた私たちの新しいモットーは「より愉《たの》しく、よりしなやかに、より末永く」ではないかと、非常に説得力のある問題提起をされました。

陣内教授は四〇年間にわたって東京の川や運河をボートで回り、江戸・東京を水の都として捉《とら》える活動を続けていらっしゃいます。二〇一三年ごろからは、東京理科大学の宇《う》野求《のもとむ》教授や大日本印刷、神楽坂《かぐらざか》町会などと連携し、外濠市民塾という活動を展開してこられました。その陣内教授の講演内容は、水の都としての江戸・東京の歴史や現状を紐解《ひもと》き、江戸城や外濠の活《い》かし方についての提案でした。

実は陣内教授はずっと、お堀の浄化を訴え続けてきた方です。学会ではその必要性が共有されましたが、企業経営者で賛同し、行動する人はいなかったようです。それで、この協議会が立ち上がったのは「とても嬉しいことだ」と話していました。

外濠の水がなぜ、あんなに汚れているのかというと、かつて国鉄の駅があった万世《まんせい》橋《ばし》（東京都千代田区）の近辺から、雨水や生活排水が流れ込んでいるからです。

「（皇居のお堀に汚水を流すとは）戦後の日本人は、なんて不敬《ふけい》なんだ」と立腹《りっぷく》していたら、戦前から生活排水が流れ込んでいたことがわかったそうです。ただし、戦前は淀《よど》橋《ばし》浄水場（今の東京都新宿区）からお堀の水が外へ流されていたので、水流がありました。ですから、それほど汚染がひどくはならなかったのです。

ところが、戦後になって淀橋浄水場が閉鎖されたのに伴い、お堀の水の出口がなくなってしまい、富栄養化《ふえいようか》して藻《も》やプランクトンが増殖したということです。

流れる水のように

このシンポジウムで、私は利根川東遷事業や神田上水などについて説明するとともに、堀や水について歴史的に考察しました。そのエッセンスを、ここで述べておきたいと思います。

そもそも城に堀を築くのは昔から行なわれていたことで、弥生《やよい》時代には環濠《かんごう》集落がありました。大きな集落の周りを水で囲んで、外敵を防いだのです。

平安時代の京都にも、堀が設けられています。京都の真ん中を南北に貫《つらぬ》く烏丸《からすま》通から一本西側に堀川《ほりかわ》通がありますが、この通りはもともとは堀だったところで、昭和三〇年代までは水が流れ、物資の輸送に使われていました。

京都の中心部は高低差があまりなく、地形的に治水が難しい場所ではありません。しかし、治水技術が発達すると、それまで川が氾濫して住めなかったような土地にも人が住めるようになりました。その典型的なケースが江戸で、家康が入府することによって、葦《あし》の生い茂る低湿地が宅地に開発され、都市になったのです。

東京には、赤羽《あかばね》という地名がふたつあります。ひとつは北区の赤羽、もうひとつは港区東麻布《あざぶ》の赤羽橋です。どちらも、江戸時代の初期からある地名です。

赤羽は、もとは「アカハニ」（赤埴）で、キメが細かくて粘り気があり、陶器をつくるのに適した土のことです。富士山が噴火した火山灰でできた関東ローム層に含まれています。流れる水に削られて露出した地層を見た人が、北区の赤羽と港区の赤羽橋それぞれ別個に名づけたのではないかと私は考えています。逆に言えば、こういう地名がつけられるほど、江戸は水だらけの湿地だったということです。

江戸時代は水運が中心でしたから、堀や川や運河が重視されたのは前述したとおりです。

このように歴史を振り返ってみると、明治時代まで、水は最強のエネルギー源でした。ですから、権力者にとって水をコントロールすることは、権力を誇示することでもあったのです。

しかし、明治以後、私たちは堀や運河について、「埋め立てればいい」「汚れたら蓋《ふた》をすればいい」といった発想で接するようになりました。これは東京だけでなく、全国で起きたことです。城のお堀の多くが埋め立てられ、道路になったり、路面電車の線路になったりしたのです。この価値観の変化、水に対するマイナス評価には、石炭や石油が主なエネルギー源になったことが大きく関係しています。

そういうマイナス・イメージも一九九〇年代になると、ふたたび転換し始めます。その変化の例証のひとつが、マンションの名前に「リバーサイド○○」「○○ベイ」などが増えたことです。

国語学者の大野《おお》晋《のすむ》さんは「時」の語源は「とく、とける」という動詞の連用形ではないかという説を唱えています。つまり、時を水のように流れるものとしてイメージしているのです。

私たちは、具体的なものから抽象的なことを考えていきます。ですから、もし私たちの周囲に流れる水がなかったら、時間を流れるものとして認識することもできなかったかもしれません。

そういう意味で、水を考えることは時を考えることであり、歴史を考えることにもつながります。あるいは、歴史というものは水のアナロジー（類比）として語ることができるのではないかと私は考えているのです。
二〇二〇年の東京オリンピックを控えた今こそ、堀や運河、水を見直してみる絶好のチャンスではないでしょうか。

道の上に道を架ける

一九七〇年代ごろまで、評論家は東京の悪口を言っていれば食える時代でした。車の渋滞に光化学スモッグ、通勤地獄にウサギ小屋、人の心まで貧しい東京砂漠などど、こんな都市はとても人間の住めるところではない、と痛罵《つうば》していればよかったのです。

しかし、今は違います。東京が都市の規模だけでなく、環境規制でもITのインフラでも世界トップレベルの都市であることを誰でも知っていて、悪口を言うのなら、もっと建設的に言わなければ誰も聞く耳を持たない時代になっています。

とはいえ、東京一極集中が、東京の住環境にも地方の活性化にもマイナスになっているのは事実ですから、政治や経済の機能を分散することが課題とされ、実際に試みられています。

アメリカでは政治の中心がワシントン、経済の中心がニューヨークと分かれているので、日本も同じように大阪を経済の中心としたらどうかという意見も根強く聞かれます。

この議論に口を挟《はさ》むなら、私は東京が政治や経済、文化の中心でいいと考えています。

東京の名所である日本橋の上に高速道路が架かっているのは景観を損《そこ》なうので、二〇二〇年の東京オリンピック開催を機に、ルート換えして取っ払ったらどうかという議論がなされています。

しかし、あの高速道路はもともと一九六四年の東京オリンピックを機に建設されたものでしょう。ですから、私のように関西に住む人間から見れば、「いやいや、人間は変わるものだなあ」と、ある種あきれているというのが正直なところです。

私自身はまったく逆の考えで、今度のオリンピックを機に高速道路を重層化する、つまり今の高速道路の上にふたつも三つも高速道路を重ねて造ったらいい、という発想です。

東京が首都として今後さらに発展するとすれば、人口増が伴います。人口が増えずして都市が発展する道はないのです。

では、東京の人口をどうやって増やすかというときに、ＡＩの時代であろうと何であろうと、方法はふたつしかありません。

ひとつは、海を埋め立てて土地を増やすこと。もうひとつは、高い建物を造ることです。このどちらかで、人々が住む総面積を増やすしかないのです。しかし、埋め立てのほうに限界があるとすれば、高層化しか道はありません。

ですから、道の上に道を架けることも、現実の選択肢として考える時代になってくると思うのです。

一〇〇〇年後の東京

東京という都市は、アテネ型だろうか、ローマ型だろうか、と考えることがあります。

ギリシャのアテネは、見た目の美しさや芸術性を前面に出して、人民をコントロールするタイプの都市です。一方のローマは、水道や浴場に代表されるように、水を含めた自然物や実用性を前面に出して、人民をコントロールするタイプの都市です。ひと言で表わすと、アテネ型は芸術都市、ローマ型は実用都市ということになります。

そうであれば、東京はローマ型をめざすしかないと私は考えます。まさに家康が自然河川を利用して江戸の町をつくったやり方です。

実用都市は殺伐《さつばつ》として美しくないというイメージがありますが、そんなことはありません。東京の夜景は、非常に美しいです。これは、実用都市ならではの美しさではないでしょうか。

ですから、東京は実用都市として洗練していくことをめざすべきです。実用的な理由であれば、どんどん道を造り、高い建物も建てる。ますます非人間的な都市になるのではないか、という批判が聞こえてきますが、おそらく実用都市をめざすほうが芸術性も増してくるような気がします。

一〇〇〇年後、東京も日本も滅びているかもしれません。廃墟どころか荒野が広がっているだけかもしれません。でも、そのとき未来の人たちに「一〇〇〇年前に、こんなすばらしい実用都市が存在した」と賞賛されるような都市づくりを進めたらいいと思うのです。

さらに言えば、東京が滅びたときの心配をする必要はありません。東京に代わる首都が、どこかに必ず自然発生的に出現しますから大丈夫です。北海道には、いくらでも未踏の大地が残っています。

京都に遷都し直すという意見も根強くありますが、私は無理だと考えます。土地が狭くて、発展が望めません。

それこそ、家康が利根川を曲げたように、最先端の土木技術を駆使して周辺の山を崩すことができたら、京都という選択肢もあるかもしれませんが、今の技術レベルではありえないでしょう。

もし持続可能という観点から、東京が学ぶべき対象があるとしたら、それは京都ではなく博多《はかた》ではないでしょうか。

というのも、博多は日本国内で唯一、古代から中世、近世、近代、そして現代まで、ずっと大都市であり続けてきた都市だからです。

東京は前述したように、江戸幕府開設以前は寒村にすぎませんでした。日本を代表する古都である京都には、古代がありません。同じく日本を代表する古都である奈良は、逆に古代だけで終わっています。

博多は日本海側唯一の大都市です。札幌市内を流れる石狩《いしかり》川の河口が日本海を向いていることから、札幌が日本海側の都市だとすれば、そうも言えませんが、札幌は人工都市なので、ここでは例外とします。

なぜ博多は上代の昔から、あれだけ繁栄し、生命力に満ちた都市であり続けてきたのか。現段階では、謎です。しかし、そんな都市は世界的に見ても滅多にないですから、機会があれば、ぜひ小説で描いてみたいテーマです。

これは作家の直観ですが、東京がこれから五世紀、一〇世紀と滅びずに日本の首都であり続けようとするのであれば、博多にこそ学ぶべき核心が潜《ひそ》んでいるような気がしてなりません。

第六章　家康の建てた江戸を歩く

古地図に書き込む

仕事柄、古地図を丹念に見ることが多いのですが、これは結構、楽しい作業です。江戸の地図で言えば、武家屋敷の図では主《あるじ》の名前が縦書き、横書き、斜め書きで書き分けられています。これは、その方向に屋敷の正門があることを示しています。

江戸の地図を見る場合、私たちは「赤坂離宮のあるところは紀州藩の中屋敷だった」などと屋敷から見がちですが、むしろ道路から見ていくほうが面白いです。なぜかというと、道路は江戸時代と今とそれほど大きく変わっていないことが多いからです。

『家康、江戸を建てる』を書いているときも、しょっちゅう江戸の地図を見ていましたが、つくづく思ったのは便利な時代になったということです。

少し前までは、古書店で一枚数千円もするような地図を買わなければならなかったので、もったいなくて書き込みをするのには勇気がいりました。しかし、今は誰でも電子データをプリントアウトして古地図を何枚でも使うことができます。

江戸古地図の読み方、楽しみ方

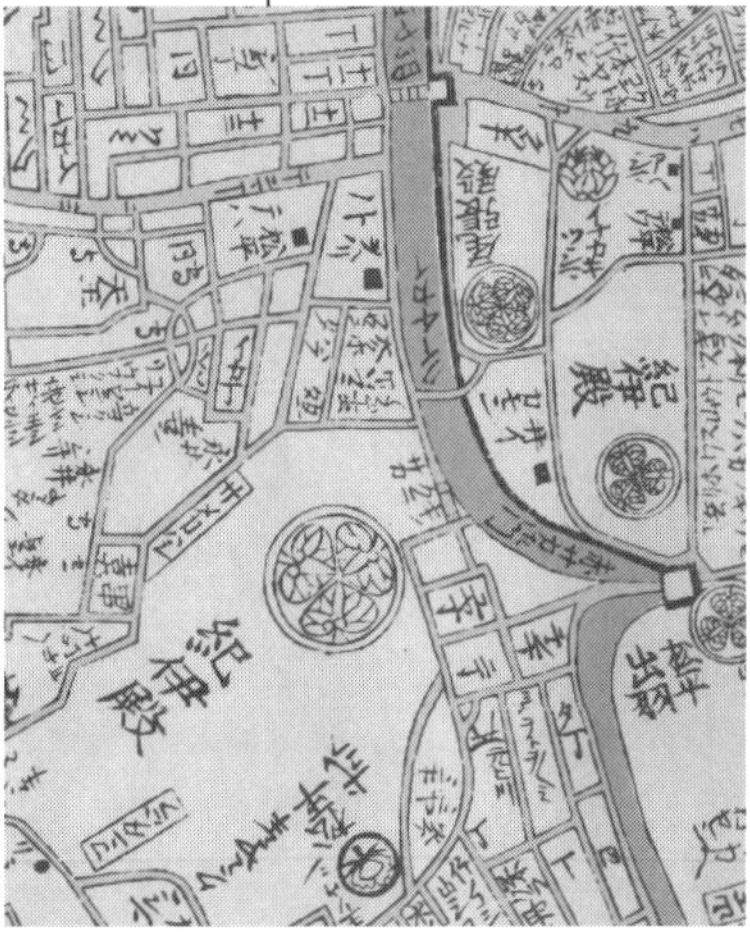

地図は宝暦13年（1763年）に改版として作成されたもの

左の「紀伊殿」は、ひとつが左斜め下方向に、もうひとつが右から左へ水平に書かれている。また「尾張殿」のように、上下逆に書かれているケースもある。

これは屋敷の正門が、文字の書き始め（「紀伊殿」の「紀」）の方向を向いていることを示す、古地図独特の決まりごとだ。

地図では、屋敷よりも道路を中心に見るほうがいい。現代との違いがさほどないことに気づくだろうだから、地図にどんどん書き込む。書き込んで、書き込んで、書きつぶすぐらいに使い込んだらいいと思います。

地図はやはり、いろいろ書き込むと面白いです。

私の場合、小説を書くときには、「どこで誰々が何々をやる」というのを書き込んでいきます。たとえば、家康が目黒で鷹狩りをしたのなら、目黒のところに「家康、鷹狩り」と書き込みます。史実であっても、私が考えたフィクションであっても、区別せずに地図に書き込んでいくのです。

『家康、江戸を建てる』第四章「石垣を積む」に登場する吾平の物語では、伊豆半島から江戸湊へどういうルートで石を運び入れ、どこで荷揚げし、その後、どういうルートを通って江戸城の大手門まで輸送したかを線で書き込みました。

吾平が切り出した三界一の切石が大型船で運び込まれるときは、次のようなルートを考えてみました。

「あの石」はじかに現場へ来るのではなく、いったん神田明神へはこばれた上、清水で洗われ、しめ縄を巻かれた上で、きらびやかな衣をまとった稚児《ちご》たちとともに城へ曳《ひ》いてこられるのだという。しかも大手門前《まえ》に到着したさいには、あろうことか、将軍・徳川秀忠じきじきの台覧《たいらん》まで賜《たま》わることが決定したとか。

（『家康、江戸を建てる』Ｐ３２１）

小説では、この吾平の切石は江戸城大手門を入った正面の石垣に、鏡石《かがみいし》として使われたことになっています。江戸城を守る象徴的な存在となったことにしたわけです。

江戸を歩く①――関宿《せきやど》城博物館

小説を書くためという意味もあって、東京のあちこちを訪ねまわっていますが、『家康、江戸を建てる』の関連でお薦《すす》めなのが、千葉県の最北端である野田《のだ》市関宿《せきやど》の千葉県立関宿城博物館です。

利根川を曲げた現場を見にゆく

天守閣が美しい千葉県立関宿城博物館　写真／PIXTA

この博物館は、かつての関宿城の天守閣部分を再現した三層四階建ての建物で、利根川と江戸川の分流点「スーパー堤防」の上にあります。

東武スカイツリーライン（伊勢崎《いせさき》線）東武動物公園駅からバスに乗り換えて三〇分ほどの新町《しんまち》バス停で下車し、徒歩一五分です。

この博物館では、川と人々との関わりをテーマに、利根川東遷事業や水運に関する史料が網羅的に収集され、模型や映像資料を使ってビジュアル豊富に、わかりやすく展示されています。

天守閣四階の展望室から周囲を見渡す

と、川原が広がるなかで利根川と江戸川が合流している様《さま》を一望にすることができます。閉じた堤《つつみ》がはっきりと見え、川を曲げていることがわかりました。私が訪ねたのは、あいにく土砂降《どしゃぶ》りの日でしたが、天気がよかったら、さぞ美しい景観だったことでしょう。

『家康、江戸を建てる』では、こんな描写になりました。伊奈忠次が家康の四男である忍《おし》城城主の松平忠吉《まつだいらただよし》と付家老《つきがろう》の小笠原三郎左衛門《おがさわらさぶろうざえもん》に、工事について説明する場面です。

忠次は立ちあがり、北のほうへ手をかざした。眼下には、忍領東部（埼玉県東部）の平原がひろがっている。

ところどころに集落はあるが、事実上、未踏の大地にひとしかった。ほとんど地平線までと言いたいくらい笹や、ちがやや、すすきの穂《ほ》がびっしり地を覆《おお》っていて、ときどき胡麻《ごま》をまいたように萩《はぎ》の赤い花がちらかっている。川はそのなかを、左から右へ、つまり西から東へ、ゆるやかにつらぬいていた。

中略

「拙者としては、あそこでの工事をおすすめしたいのです。つまり南へまがる本流をぴたりと締《し》め切る。川全体を、東西の一本道としてしまうのです」

「したら、どうなる」

「南への流れは水源をうしない、廃川となります。いわば長大な沼になるようなものですから、それを利用して、周辺地域に水路をひらきましょう。網の目のように張りめぐらすのです。そうすれば田がひらける、米がとれる、人が住める。舟を使っての資材の運搬も容易です。洪水の心配もない」


（『家康、江戸を建てる』Ｐ28〜Ｐ29）


関宿城博物館は展示史料も豊富で、江戸時代の古文書に書き記してある築堤技術の工法を図式化し、着工から完成までの図が並べてあります。

それから、川を合流させた後、物流がどうなったかについても示してあります。たとえば、塩を運ぶなら、どこからどこまでの何里のルートで何日間かかったとか、魚を運ぶ場合は、どこからどこまでのどういうルートで、何日間かかったといった具体的なことがわかるようになっています。

私はこの博物館に行って、水運の大切さが理解できました。今、もう一回行ったら、また新たな発見があると思います。

江戸を歩く②――東京都水道歴史館

東京都文京区本郷二丁目にある東京都水道局の本郷給水所公苑《こうえん》に行くと、神田上水の石樋《いしひ》、つまり石で造られた上水道を見ることができます。これは昭和六〇年代に発掘された実物の石碑を公苑に移して復元したものです。

この公苑に隣接する東京都水道歴史館は、東京都水道局のＰＲ館です。地下鉄丸ノ内線の本郷三丁目駅から歩いて八分、ＪＲ水道橋駅からも歩いて八分の場所にあります。

一階には、水道の規模や水質ともに世界有数のレベルである東京の水道の設備・技術や歴史に関わる展示がされています。

二階では、江戸時代の神田上水や玉川上水などの設備や歴史などが、再現模型、映像史料などを使ってわかりやすく紹介されています。

とくに見る価値のあるのが、江戸時代に使われた実物の木樋《もくひ》、木製の水道管です。これは、千代田区丸の内の安房《あわ》徳島《とくしま》藩上屋敷跡から出土したものです。継手《つぎて》の組み方や構造など、江戸時代の上水の技術の高さを実物で見ることができます。

それから、発掘された木製の上水井戸の実物も展示されています。木製ですから、一定の期間が経つと朽《く》ちて土に戻りますが、老朽化を防ぐために定期的に修繕したり取り替えたり、リニューアルをしていたと見られます。

また、江戸時代の長屋が再現され、江戸の庶民たちが暮らしのなかでどのように水を利用していたかがわかります。

玉川上水の建設については、第二章で述べた町人の玉川庄右衛門・清右衛門の兄弟が二度の失敗を経て建設を成し遂げるまでの物語を、アニメと人形劇で紹介しています。

水道歴史館は、東京近辺の人は手軽に行けて、勉強になる博物館です。入場料は無料で、日本語・英語・中国語・韓国語の音声ガイダンスがやはり無料で借りられるほか、予約すれば五人以上の団体見学には、スタッフが展示の案内をしてくれます。

私が訪ねたときは閉館間際でしたが、非常に丁寧《ていねい》に説明していただけました。ちょうど、どこかの水道局の職員らしき一行が研修に来ていたので、専門家にもためになる展示なのでしょう。

水道歴史館の三階には、レクチャーホールとライブラリーがあり、江戸の上水についての講座などが開催されています。ライブラリーには水道や江戸関連の図書が集められ、閲覧や貸し出しのサービスも行なわれています。

江戸を歩く③——日本銀行と貨幣博物館

江戸時代に小判などの金貨を鋳造した金座は、東京都中央区日本橋本石町《ほんごく》にある日本銀行本店本館の位置にありました。

幕府の老中あるいは留守居役の直属で、前述したように、御金改《おかねあらため》役である後藤庄三郎光次が鋳造の指揮を執《と》りました。このころは、まだ金座ではなく小判座と呼ばれ、小判師が自宅でその原型となる原判金を製造する分散型の製造方式でした。その原判金を後藤家で検定し、合格したものに極印が打たれて流通したのです。

元禄《げんろく》時代の一六九五年に実施された改鋳からは、江戸幕府の勘定奉行の管轄下に置かれ、小判座は金座と呼ばれるようになります。小判師に発注するのではなく、江戸の金銀吹所《ふきしょ》と京都、佐渡の出張所で集中的に金貨や銀貨を製造する体制に変わりました。

そして、幕府の崩壊を機に、明治政府に接収され、その役割を終えたのです。

一八九六年（明治二十九年）、辰野金吾《たつのきんご》博士の設計により、金座の跡地に建てられたのが、今の日本銀行本店です。日本銀行は一八八二年に永代橋《えいたいばし》のたもと（今の日本橋箱崎町《はこざきちょう》）で開業していましたが、手狭になったため、新築移転したのでした。

日銀の社史によると、民家が建っていたので、一旦、更地《さらち》にしたとき、掘り起こしていたら花咲じいさんの昔話ではありませんが、金の屑《くず》がザクザク出てきたのです。

当時の価値で約一一万円分といいますから、今の額ではいくらになるでしょう?

一八九六年当時、公務員の初任給が五〇円という記録があります。単純に比較はできませんが、今の国家公務員の初任給は諸手当込みで、およそ二〇万円。ということは四〇〇〇倍なので、土から掘り出された金は四億四〇〇〇万円相当になります。それを建設会社と日銀で分けたようです。

日銀の建物は真上から見ると「円」の字になっています。建物の形が円だからお金の単位も円になったという都市伝説がありますが、これは明らかに間違いです。なぜなら、戦前のお金の単位は円ではなく、難しい字の「圓」だからです。

日銀は事前に申し込むと、案内人つきで館内見学をすることができます。私も取材で案内してもらいましたが、担当者はとても優しい人でした。

入り口のところに、金解禁(金の海外輸出を認めること)を決定して暗殺された大蔵大臣、井上準之助《いのうえじゅんのすけ》の持ち物などが陳列されていて、なかなか面白かったです。地下に下りると、裁断した一万円札をまとめて摑《つか》めるアームがあります。

日本銀行の向かい側にあるのが、日本銀行金融研究所貨幣博物館です。地下鉄半蔵門線の三越前駅《みつこしまえ》から徒歩一分です。

古い貨幣の研究家だった田中啓文《たなかけいぶん》氏が収集した古代から近代までの日本の貨幣や、中国を中心とした東アジアの貨幣が保管・展示されています。

まずは、豊臣秀吉が鋳造を命じた天正大判や、徳川家康が命じた慶長大判などの実物を見てください。その重さを体感することもできます。

展示では、日本の歴史のなかで何がお金として選ばれ、どのように使われてきたかが、実物や資料を通して学べる工夫がなされています。

火曜日から金曜日までは、午後一時半から担当の職員による展示解説が行なわれていますので、日本の貨幣経済について詳しく知りたい方にはお薦めです。

江戸を歩く④——関口大洗堰《せきぐちおおあらいぜき》

神田上水には、大洗堰《おおあらいぜき》と呼ばれた人工の分流装置がありました。

第二章「水を治める」で触れましたが、石垣で造ったプールのようなもので、上か

家康の建てた江戸を歩く

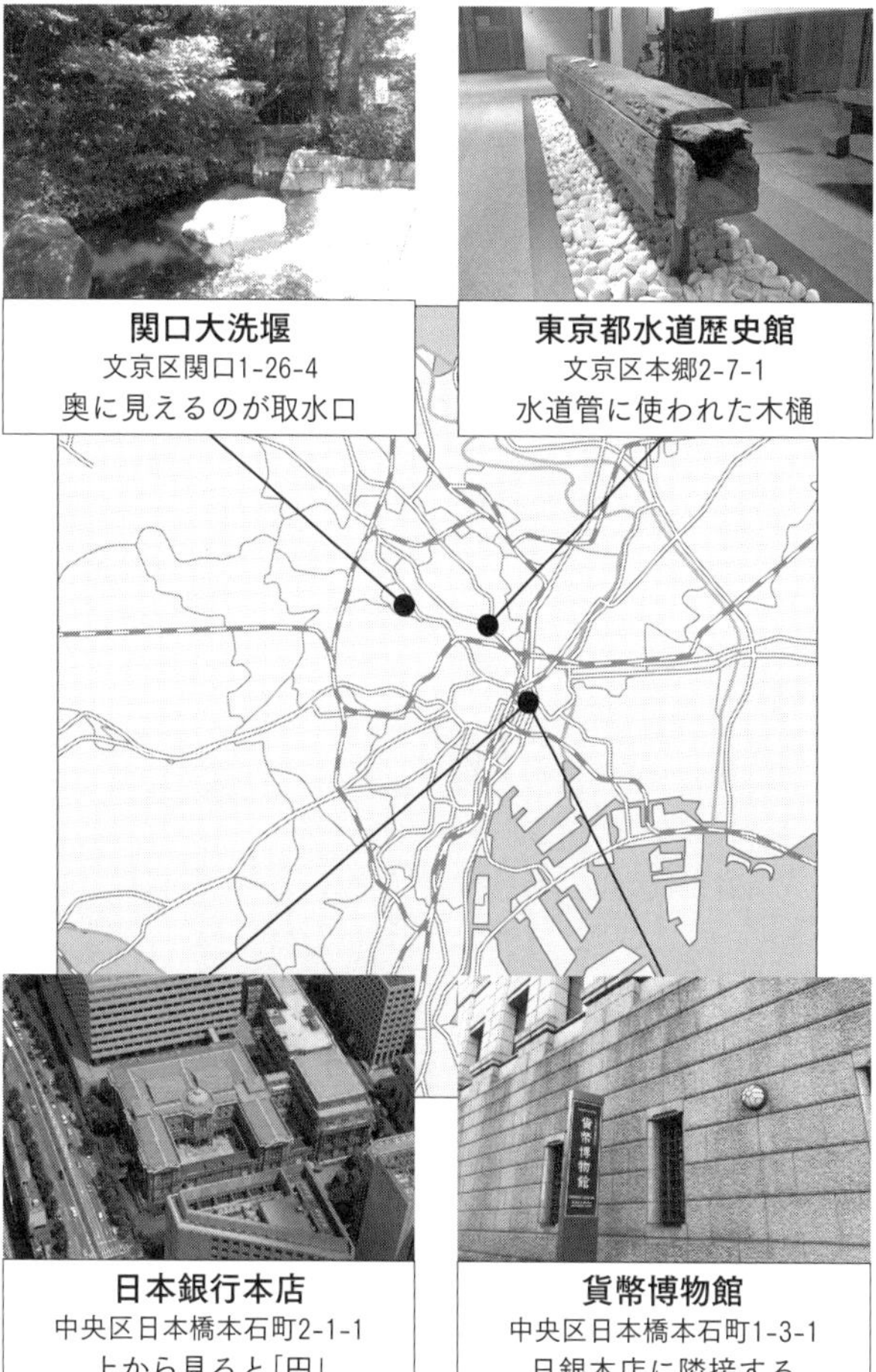

関口大洗堰
文京区関口1-26-4
奥に見えるのが取水口

東京都水道歴史館
文京区本郷2-7-1
水道管に使われた木樋

日本銀行本店
中央区日本橋本石町2-1-1
上から見ると「円」

貨幣博物館
中央区日本橋本石町1-3-1
日銀本店に隣接する

ら見るとコの字の形で水路を塞《ふさ》いでいます。水流を抱きとめることによって、余分な水は江戸川に注ぎ、江戸湾へと流れ出ます。大雨が降って水路の流量が多く、流速が速くても、このプールで勢いが殺される仕組みになっていました。

プールの一角に取水口が設けられ、ここから一定量の上水が江戸市内へと流れ込んでいきます。その取水口には、水量を細かく調整するための差蓋《さぶた》が設けられていました。

取水口の左右には、石でできた堰柱《せきちゅう》が建てられています。堰柱の内側には縦溝が刻まれていて、ここに上から木の板を一枚、二枚、三枚と落としてはめ込みます。はめ込む板の枚数を変えて、水量を増やしたり減らしたりする仕掛けです。

この堰があったのが、今の東京都文京区関口です。近くには、江戸川公園や関口芭《ば》蕉庵《しょうあん》、ホテル椿山荘《ちんざんそう》東京、肥後細川家の庭園などがあります。

この江戸川公園内には、今も大洗堰に使われた大きな石がひっそりと残されていますが、立ち止まって見物する人はほとんど見られません。

関口芭蕉庵は、神田上水の改修に従事した俳人の松尾《まつお》芭蕉が住んだ水番屋です。戦災で焼失しましたが、今は復元されています。

この一帯は、南北朝時代から椿が自生する景勝地でした。江戸時代に描かれた「名所江戸百景」のなかでも、この地から見える富士山と広々とした早稲田《わせだ》の風景が紹介されています。明治時代には、首相や陸軍大将などを務めた山縣有朋《やまがたありとも》の邸宅となり、山縣本人によって椿山荘と命名されました。

実は、私はフォーシーズンズホテル椿山荘 東京（現在のホテル椿山荘東京）で結婚式を挙げています。私は当時、栃木県宇都宮《うつのみや》市に、妻は大阪に住んでいたので、その中間ということで東京を選んだのですが、椿山荘のすぐそばに江戸川公園がありました。

肥後細川庭園の周辺は、細川家の下屋敷があったところです。細川家の学問所であった松聲閣《しょうせいかく》は、今は集会所として一般に開放されています。また、細川家の事務所として建てられた洋館は、細川家に伝わる文化財や史料を保存・展示する永青《えいせい》文庫となっています。

「家康、江戸を建てる」撮影訪問記

おかげさまで『家康、江戸を建てる』は、文庫版と合わせて二〇万部のベスト&ロングセラーとなり、NHKでテレビドラマ化されました。

二〇一九年一月二日、三日に二夜連続で放送のNHK正月時代劇「家康、江戸を建てる」で、二日の前編が「水を制す」、三日の後編が「金貨の町」です。

キャストは徳川家康役が市村正親《いちむらまさちか》さん、大久保藤五郎役が佐々木蔵之介《ささきくらのすけ》さん、橋本庄三郎役が柄本佑《えもとたすく》さん。制作統括のプロデューサーは佐野元彦《さのもとひこ》さんです。

佐野プロデューサーは原作者の私に「門井さんのような語れる作家は、司馬遼太郎《しばりょうたろう》以来です」などと囁《ささや》き、私はお世辞と思いつつも、ついホロホロといい気持ちになりました。「なるほど、こういう殺し文句で、役者たちを籠絡《ろうらく》するのか」と妙に納得したしだいです。

二〇一八年の七月初め、神奈川県横浜市青葉区にある緑山《みどりやま》スタジオ・シティを訪ねました。朝から快晴で、暑い日でした。スタジオは周りを木々の緑に囲まれていて、この夏初めてセミの鳴き声を聞いたのが印象に残っています。

　この日にスタジオのセットで撮影していたのは、駿府城の広間を舞台に家康と家臣たちがやりとりをする場面でした。江戸城のセットはまた別に組むのだそうです。

　駿府城の広間のセットは、私の胸ぐらいの高さにつくられていました。そこに畳が敷《し》かれていて、役者さんたちが立ったり座ったりして演技をしています。

　市村さんが扮する家康は、和菓子を食べて「うまい。お前のつくった菓子は最高じゃ」みたいなセリフを述べるシーンでしたが、そのシーンの間、その菓子をつくった料理人さんたちがモニターの映像をじっと見つめていました。

　佐々木さんが扮する大久保藤五郎忠行は、脚が少し不自由という設定なので、佐々木さんは脚を引きずりながら部屋に入ってきてセリフをしゃべっていました。ところが、撮影監督から「はい、カット。もう一回やりますので、お願いします」と声がかかると、スタスタと歩いて戻っていく。そのギャップが、なんとも言えません。

　セットの下、私が見学していたところには大きなモニターがあって、撮影している映像を和服姿の女性が厳しい目で睨《にら》んでいました。この女性は所作《しょさ》について時代考証する担当で、役者さんが何かおかしな所作をすると、撮影を止めて指導するのだそうです。プロデューサーの佐野さんは、この方を「先生」と呼んでいました。

佐々木さんが和菓子を載《の》せた三方《さんぽう》を持って入るシーンで、その持ち方について質問したところ、その所作の先生が正しい持ち方について指導していました。三方というのは、角型の折敷《おしき》で前と左右の三方に穴の開いた台のことです。葬儀などの儀式のとき、神饌《しんせん》を載せるのに使います。

持ち方を教わった佐々木さんの所作を改めて見ると、確かにその通りにやっておられました。そのシーン自体は、ドラマのなかではほんの一瞬にすぎないと思いますが、そこまで細かく気を配っていたことに感心したのです。

テレビ業界では当たり前のことかもしれませんが、指揮官であるプロデューサーが役者さんたちだけでなく、裏方のスタッフにも敬意を払っているのが、とても印象的でした。逆に言えば、撮影現場の隅々にまで神経が行き届いていなければ、プロデューサーという仕事は務まらないのでしょう。何かリアルな、お仕事小説を読んだみたいで、すごく感激して拝見したのです。

続・「家康、江戸を建てる」撮影訪問記

撮影が一段落したところで、私が畳の上に上がり、役者さんたちを前に「はじめまして。原作者の門井慶喜です」と挨拶しましたが、そのリアクションがいちいち愉快でした。

市村正親さんは、失礼かもしれませんがお茶目な方で、「はじめまして。家康です」と答礼をして、さっそく笑いを取ります。そして、近くにいらした伊奈忠次役の松重《まつしげ》豊《ゆたか》さんを見ながら「家康の時代に、こんなデカい人はいないですよねえ」とすかさず言って、また笑いを取っていました。

松重さんは身長が一九〇センチ近くもあるイケメン俳優で、丁髷《ちょんまげ》が欄干《らんかん》に引っかかってしまうのです。

スタジオでは、武将姿に扮装した市村正親さんや佐々木蔵之介さんらと一緒にPR用の写真を撮影しましたが、これは我が家のお宝になりそうです。

スチール写真の撮影が終わると、『家康、江戸を建てる』をお読みになった佐々木

さんから「サインを」と頼まれたので、すぐに書いてお渡ししました。私は次の予定があったため、ここで皆さんとお別れして引き上げたのです。

それで、帰宅して妻にスタジオ見学の始終を話したら、「逆でしょ！」と言ってえらく怒られました。

「あなたがサインするのではなく、佐々木さんのサインをあなたがもらってくるべきだった」

というのが、佐々木蔵之介さんのファンである妻の言い分でした。

妻によると、私がサインした直後であれば、サインを求めても佐々木さんは断われないだろうから、必ずサインしてもらえただろう、と言うのです。その説明を聞いて「あ、そうか。そう言えば、そうだね」と答えたのですが、妻は「なんで、気づかないの」と、いたく悔しがっておりました。

次に撮影現場を訪れる機会があったら、必ずサインをもらってこようと決意を新たにしたところであります。

テレビドラマには原作にない石垣の話や天守閣のエピソードも盛り込まれています

が、原作者としてはまったく違和感がありませんでした。水が噴き出す上水のシーンなどは私が見ていても迫力があり、面白い場面でした。

あとがき

全国各地で講演をしていると、「慶喜《よしのぶ》というペンネームは、どういういきさつで付けたのか」「徳川慶喜についてどう思うか」など、私の名前にまつわる質問をよく受けます。

あるいは、出版社を訪ねて初対面の編集者にあいさつをすると、「歴史作家らしいお名前ですね。本名は何とおっしゃるのですか」と問われることもあります。そんなとき、私が「本名です」と答えると、意外な顔をされます。

慶喜という名前を付けたのは、亡くなった父である門井政喜《まさき》です。父は中小企業の経営者でしたが、歴史の本を読むのが大好きな人でした。

私が生まれたとき、自分の名前から「喜」の一字を付けることは決めましたが、もう一字がなかなか決まらなかったようです。いろいろ考えた挙句《あげく》に、父は自分が大好きだった徳川慶喜の名前を付けたというふうに伝え聞いています。

徳川慶喜という徳川幕府最後の将軍については、上は「天才だった」「徳川十五代のなかで最高の将軍だった」という評価から、下は「卑怯《ひきよう》者だった」「政権を投げ出した無責任な将軍だった」という評価までさまざまです。とにかく毀誉褒貶《きよほうへん》が激しい人物だったことは間違いありません。

幕末の志士、土佐の坂本龍馬であれば、明らかに明治維新のヒーローですが、徳川慶喜となると、ヒーローであるかどうかも疑わしいところです。

少なくとも、小学生のころの私は自分の名前が好きではありませんでした。

理由のひとつは、徳川慶喜がどう評価されようが、自分が徳川慶喜という歴史上の人物を超えることはないと、小学生なりに悟《さと》っていたからです。ある意味で、暗澹《あんたん》たる小学生時代でした。

もうひとつの理由は、名前をきちんと呼んでもらえなかったことです。「よしき」とか「のぶよし」とか呼ばれて、落ち込んだのを覚えています。私が小学生のころ、つまり一九八〇年前後、徳川慶喜はまだ日本人にあまり知られていませんでした。

その名前のイメージがガラッと変わったのが、一九九八年、私が二七歳のときにNHKの大河ドラマ「徳川慶喜」が放送されてからです。

元シブがき隊のモックんこと、本木《もとき》雅弘《まさひろ》さんが慶喜役で好演し、大人気になりました。あれ以後、私の名前は「よしのぶ」と読まれるようになったのです。今では、自分の名前の漢字を説明するときに「徳川慶喜の慶喜です」と言えば、間違えられることはありません。

そんなわけで、自分の名前と折り合いを付けるのにはそれなりの苦労がありましたが、四十歳代になり、父も亡くなって、ようやく自分の名前を素直に受け入れられるようになりました。

自分の名前を好きになってからは、徳川慶喜を卑怯者として蔑《さげす》む気持ちなど、まったく失《う》せました。それはもしかしたら、慶喜に関しては史実を客観的に見られなくなったということを意味するのかもしれません。

ちなみに、私は同業の小説家として森鷗外《もりおうがい》と司馬遼太郎をこよなく愛していますが、司馬遼太郎にシンパシーを感じているのは、その名前ゆえです。

ご存知のとおり、司馬遼太郎は『史記』を残した司馬遷《せん》から名前を取っています。私は本名、司馬さんはペンネームという違いはあるものの、歴史作家で歴史上の人物の名前を付けているのは、門井慶喜を除けば、司馬遼太郎ぐらいです。司馬さんには、そういう名前つながりの親しみを感じているのです。

司馬遼太郎の作品はもちろん大好きで、若いころから読み込んできました。司馬作品がきっかけとなって歴史小説の仕事をしていると言っても過言ではありませんが、同時にこれから挑戦していかなければならない高い壁、高い目標でもあります。

そうして司馬さんは家康を書き、私もこのたび家康を書いた。家康が今の時代に生きていたら、何をしていたかと考えることがあります。実際の家康は六〇歳を過ぎても元気で、好きな鷹狩りを楽しんでいました。この話を講演でするといつも爆笑になるのですが、還暦を過ぎた家康はきっと、皇居の周りを軽やかに走っていたのではないでしょうか。

本書は以下の著者による講演を元に構成しました。

＊文京アカデミー　特別公開講座
著者が語る『家康、江戸を建てる』（２０１６年9月16日）

＊青森県　経営講習会
江戸の街づくりに学ぶ中小企業経営（２０１６年11月４日）

＊上廣倫理財団　上廣歴史・文化フォーラム
天下人、徳川家康の実像（２０１６年11月19日）

なお本文中に引用した『家康、江戸を建てる』の振り仮名で、初出にあるものは略しています。（編集部）

編集協力／瀧井宏臣

切りとり線

★読者のみなさまにお願い

この本をお読みになって、どんな感想をお持ちでしょうか。祥伝社のホームページから書評をお送りいただけたら、ありがたく存じます。今後の企画の参考にさせていただきます。また、次ページの原稿用紙を切り取り、左記まで郵送していただいても結構です。

お寄せいただいた書評は、ご了解のうえ新聞・雑誌などを通じて紹介させていただくこともあります。採用の場合は、特製図書カードを差しあげます。

なお、ご記入いただいたお名前、ご住所、ご連絡先等は、書評紹介の事前了解、謝礼のお届け以外の目的で利用することはありません。また、それらの情報を6カ月を越えて保管することもありません。

〒101-8701（お手紙は郵便番号だけで届きます）
祥伝社　新書編集部
電話03（3265）2310
祥伝社ブックレビュー　www.shodensha.co.jp/bookreview

★本書の購買動機（媒体名、あるいは○をつけてください）

＿＿＿＿新聞の広告を見て	＿＿＿＿誌の広告を見て	＿＿＿＿の書評を見て	＿＿＿＿のWebを見て	書店で見かけて	知人のすすめで

★100字書評……徳川家康の江戸プロジェクト

名前
住所
年齢
職業

門井慶喜　かどい・よしのぶ

1971年、群馬県桐生市生まれ。同志社大学文学部卒業。2003年、「キッドナッパーズ」でオール讀物推理小説新人賞を受賞し作家デビュー。2015年に『東京帝大叡古教授』が第153回直木賞候補、2016年に『家康、江戸を建てる』が第155回直木賞候補となり、NHKでドラマ化された。2016年には『マジカル・ヒストリー・ツアー　ミステリと美術で読む近代』で日本推理作家協会賞（評論その他の部門）、咲くやこの花賞（文芸その他部門）を受賞。2018年、『銀河鉄道の父』で第158回直木賞を受賞。近刊に『信長、鉄砲で君臨する』など。

徳川家康《とくがわいえやす》の江戸《えど》プロジェクト

門井《かどい》慶喜《よしのぶ》

2018年12月10日　初版第1刷発行
2022年12月25日　　第3刷発行

発行者……………辻 浩明
発行所……………祥伝社《しょうでんしゃ》
〒101-8701　東京都千代田区神田神保町3-3
電話　03(3265)2081(販売部)
電話　03(3265)2310(編集部)
電話　03(3265)3622(業務部)
ホームページ　www.shodensha.co.jp

装丁者……………盛川和洋
印刷所……………堀内印刷
製本所……………ナショナル製本

Printed in Japan ISBN978-4-396-11558-6 C0221

〈祥伝社新書〉
古代史

〈祥伝社新書〉
古代史

〈祥伝社新書〉
近代史

377
条約で読む日本の近現代史
日米和親条約から日中友好条約まで、23の条約・同盟を再検証する
自由主義史観研究会 編著 藤岡信勝

411
大日本帝国の経済戦略
明治の日本は超高度成長だった。極東の小国を強国に押し上げた財政改革とは
ノンフィクション作家 武田知弘

472
帝国議会と日本人 なぜ、戦争を止められなかったのか
帝国議会議事録から歴史的事件・事象を抽出し、分析。戦前と戦後の奇妙な一致！
歴史研究家 小島英俊

357
物語 財閥の歴史
三井、三菱、住友をはじめとする現代日本経済のルーツを、ストーリーで読み解く
ノンフィクション作家 中野 明

448
東京大学第二工学部 なぜ、9年間で消えたのか
「戦犯学部」と呼ばれながらも、多くの経営者を輩出した〝幻の学部〟の実態
中野 明